C.H.BECK ◼ WISSEN
in der Beck'schen Reihe

W0075482

Kaum ein Ereignis hat die Geschichte der Moderne so tief geprägt wie die Französische Revolution von 1789 bis 1799. Sie eröffnete eine Phase grundstürzender Veränderungen der politischen, sozialen und kulturellen Verhältnisse in Frankreich. Als ein epochales Ereignis hat die Französische Revolution weit über den nationalen Rahmen hinaus tiefe Spuren in der politischen und sozialen Entwicklung anderer Länder hinterlassen. Sie wurde zum Motor des Verfassungswandels und der Entstehung liberaler politischer Kulturen.

Hans-Ulrich Thamer läßt in diesem Band noch einmal Ursachen, Verlauf und Folgen dieses zentralen Ereignisses der europäischen Geschichte Revue passieren, stellt die Hauptakteure und ihre Motive vor und erklärt wichtige Strukturmerkmale der Französischen Revolution wie beispielsweise die besondere Rolle der Metropole Paris, das Ringen der Revolutionäre um eine Verfassung sowie die blutige Herrschaft der *Terreur*.

Hans-Ulrich Thamer lehrt als Professor für Neuere und Neueste Geschichte an der Universität Münster. Die Französische Revolution sowie in diesem Zusammenhang insbesondere die Fragen nach Macht und Ritual, symbolischer Herrschaft und politischer Kommunikation bilden Schwerpunkte seiner Forschung.

Hans-Ulrich Thamer

DIE FRANZÖSISCHE REVOLUTION

Verlag C. H. Beck

Mit 7 Abbildungen

Für Jutta

Originalausgabe
© Verlag C.H.Beck oHG, München 2004
Gesamtherstellung: Druckerei C.H.Beck, Nördlingen
Umschlagmotiv: Plakat mit republikanischen Emblemen
aus der Zeit der Französischen Revolution, 1789,
Musée Carnavalet, Paris. Photo: akg-images, Berlin
Umschlagentwurf: Uwe Göbel, München
Printed in Germany
ISBN 3 406 50847 2

www.beck.de

Inhalt

I. Die Französische Revolution –
ein Gründungsereignis

Kaum ein Ereignis hat die Geschichte der Moderne so tief geprägt wie die Französische Revolution von 1789 bis 1799. Sie eröffnete eine Phase grundstürzender Veränderungen der politischen, sozialen und kulturellen Verhältnisse in Frankreich. Als ein epochales Ereignis hat die Französische Revolution weit über den nationalen französischen Rahmen hinaus tiefe Spuren in der politischen und sozialen Entwicklung anderer Länder hinterlassen. Sie wurde zum Motor des Verfassungswandels und der Entstehung liberaler politischer Kulturen. Sie wurde zum Laboratorium der Moderne, indem sie in der kurzen Spanne eines Jahrzehnts die unterschiedlichsten Verfassungsformen entwickelte, die für das 19. und 20. Jahrhundert wirkungsmächtig werden sollten, von der konstitutionellen Monarchie über die Republik bis zur bonapartistischen Diktatur; indem sie die Grundlagen einer bürgerlich-individualistischen Eigentums- und Gesellschaftsverfassung schuf; indem sie zum ersten Mal eine demokratische politische Kultur entfaltete und damit den Durchbruch zur politischen Freiheit erkämpfte; indem sie einen fundamentalen Prozeß der Politisierung der Gesellschaft und der Ideologisierung der politischen Sprache auslöste und dabei zugleich die Selbstgefährdung demokratischer Ordnung demonstrierte. Ihre historisch-politische Bedeutung reicht darum bis in die Gegenwart.

In historischer Perspektive läßt sich die Französische Revolution zugleich als ein herausragendes Ereignis in einer langen Phase des politischen, gesellschaftlichen und wirtschaftlichen Wandels vom alteuropäischen Ancien Régime in die Moderne deuten, in dem die allgemeinen strukturellen Veränderungen anderen Zeitrhythmen folgen als dramatische politische Ereignisse. Kurzfristige Revolutionsereignisse werden dabei in langfristig ablaufende Prozesse sozialen Wandels eingebettet und die politischen Prozesse des Revolutionsjahrzehnts zum strukturellen Wandel in Beziehung gesetzt. Dadurch werden neben den Phänomenen der historischen Zäsur und des Neubeginns auch Elemente der Kontinuität stärker in den Blick genommen, die bereits im 18. Jahrhundert entwickelt waren und sich in der Revolution fortgesetzt oder vollendet haben und die in den Diskursen und in der Gesetzgebung zwar vorbereitet, aber erst im Laufe des 19. Jahrhunderts umgesetzt wurden. Dies gilt vor allem für den Strukturwandel von Wirtschaft und Gesellschaft, der den Gesetzen der langen Dauer und damit anderen Handlungsbedingungen unterliegt als die Politik. Dies gilt beispielsweise für Fortsetzung politisch-administrativer Zentralisierung, die mit dem Ausbau absolutistischer Staatlichkeit begann und mit der Jakobinerherrschaft und ihren Kommissaren einen weiteren, nun freilich mit dem Prinzip der Volkssouveränität legitimierten Kulminationspunkt erreichte. Die Revolution bedeutet darum auch Rhetorik und Ankündigung, hinter der die Wirklichkeit zurückblieb. So vollzog sich 1789 nicht die «Geburt der bürgerlichen Gesellschaft», sondern die Organisation eines neuen Frankreichs bedeutete allenfalls einen wichtigen, vor allem rechtlichen Schritt in diesem Prozeß, der in seiner ökonomischen und sozialen Dynamik bereits vor 1789 begonnen und sich weit in das 19. Jahrhundert erstreckt hat. Beim Aufstieg der industriellen Welt spielte die Französische Revolution allenfalls eine Nebenrolle, manche Historiker halten die Revolution für die industrielle Modernisierung sogar für abträglich; sie habe England bei der Durchsetzung der Industriellen Revolution einen entscheidenden Vorsprung verschafft, den es vor 1789 nicht gegeben habe.

Was macht dann das Umstürzende, das Innovative und die Wirkungsmacht der Revolution auch in der Perspektive der *longue durée* aus, wenn ein solcher Bruch, wie ihn die Rhetorik der Revolution beanspruchte, für den Bereich von Wirtschaft und Gesellschaft nur bedingt zu erkennen ist? Die moderne Forschung der vergangenen zwanzig Jahre findet die Antwort darauf im Politischen, in der Entwicklung von Verfassungen und

neuen Formen der Legitimation von Herrschaft, in der Proklamation von Menschen- und Bürgerrechten und in der Funktion
der Revolution als Gründungsereignis für eine demokratische
politische Kultur, in der Entfaltung neuer Formen der politischen Repräsentation und Integration, in der Entwicklung von
neuen Formen der politischen Rituale und Kommunikation, mit
denen das Prinzip der Volkssouveränität von seiner abstrakten
Ebene in die politische Praxis übersetzt und sichtbar gemacht
werden sollte, mit denen die politischen Fraktionskämpfe aus-
geformt und ausgetragen wurden. Diese Perspektiven und Ergebnisse einer neuen Politik- und Kulturgeschichte, die Varian-
ten ihrer Deutungs- und Erinnerungsgeschichte entlang einer
Erzählung der Ereigniskette Französische Revolution vorzustel-
len, sind Leitfaden und Thema der vorliegenden Darstellung.

Die Erfindung neuer politischer Ausdrucksformen und einer
modernen politischen Begriffswelt gehört zu den schöpferischen
Leistungen der Revolution und zu ihrem Erbe an unsere Gegenwart. Mit der Französischen Revolution entsteht ein neuer Begriff von Revolution. Revolution war nicht mehr das, was das
18. Jahrhundert darunter verstanden hatte: eine allgemeine
staatliche Veränderung, ein geistiger Fortschritt, eine Veränderung im Denken. Nun verband sich mit dem Begriff Revolution
die Erfahrung eines dramatischen, von Gewalt begleiteten umfassenden Wandels in Politik und Gesellschaft mit dem Anspruch, eine neue gerechte Ordnung zu schaffen und damit den
geschichtlichen Fortschritt zu gestalten.

Die Dynamik des Umbruchs war schon den Zeitgenossen bewußt. «Wir haben in drei Tagen den Raum von drei Jahrhun-
derten durchquert», hieß es bald nach dem 14. Juli 1789. Zugleich verdichtete sich das historische Ereignis des Sturmes auf
die Bastille zum politischen Symbol eines historischen Umbruchs. Daß dieser gedrängte politische Wandel mit Gewaltakten des Volkes verbunden war, führte zu einer tiefen Polarisierung in Wahrnehmung und Deutung der Revolution. Bei den
Verteidigern der alten monarchischen Ordnung rief die gewalt-
tätige Revolution Angst und Empörung hervor. Für die Patrioten, die Anhänger der Revolution, waren die Gewaltakte zu-

nächst unerwünschte Begleiterscheinungen, die nichts mit der erhofften Erneuerung Frankreichs zu tun hätten und durch diese in naher Zukunft überflüssig würden. Bald sollten jedoch zum Begriff der Revolution nicht nur die Erfahrung extremer Beschleunigung, sondern auch Radikalisierung und der Einsatz von Gewalt als Instrument der Veränderung gehören. Die Revolution zeigte ihre Janusgestalt und ihre polarisierende Wirkung.

Die Ursachen und die Funktion von Gewalt in der Revolution gehören zu den Fragen, die noch immer heftig diskutiert werden und aus einem Ereignis der Vergangenheit einen kontroversen Bezugspunkt für die politische Orientierung und Traditionsbildungen der Gegenwart machen. An der revolutionären Diktatur und Gewalt schieden und scheiden sich die Geister, wie die Debatten aus Anlaß der Zweihundertjahrfeier der Revolution bis hin zum versöhnenden «Sowohl als auch» des französischen Staatspräsidenten Mitterand 1989 deutlich gemacht haben. Historische Deutungen und Kontroversen über die Revolution gehörten seit den ersten Versuchen, die Revolution zu beenden und die Erinnerung an sie zu begründen, zur Selbstdeutung der politischen Kultur Frankreichs und teilweise auch Europas. Die politische Orientierung oder Lagerzugehörigkeit eines geschichtsbewußten politischen Bürgers konnte man auch daran erkennen, auf welche Phase der konfliktreichen Geschichte der Revolution er sich in seiner Erinnerungspraxis oder Selbstidentifizierung bezog oder ob er die Revolution völlig ablehnte. Das hat sicherlich die Erinnerung an die Revolution wachgehalten, nach Meinung mancher Kritiker aber auch zu einer Selbstblockade der Revolutionshistoriographie geführt, die zwar unendlich viel an Quellenforschung und Quellenedition geleistet, an scharfsinnigen Analysen und großen Deutungen hervorgebracht hat, die Revolution aber nicht konsequent genug aus ihren historischen Bedingungen und selbstreferentiellen Entwicklungsabläufen interpretiert, sondern sie vor allem zum Objekt einer geschichtspolitischen Selbstdeutung und Legitimation für die jeweilige Gegenwart gemacht hat.

So war und ist die Geschichte der Französischen Revolution auch immer ein Lehrbeispiel für die Verschränkung von Geschichtsschreibung und Politik, bei der jede Generation ihre Gegenwartsdeutung in die Vergangenheit der Revolution gelegt hat, die dadurch selbst ein Stück der jeweiligen Gegenwart wurde. Es spricht vieles dafür, daß sich dieser Mechanismus von Gegenwartsverständnis und Geschichtsdeutung abgeschwächt hat, daß auch der Prozeß der Historisierung der Französischen Revolution vorangeschritten, unser Blick auf die Revolution differenzierter geworden ist und ihre Widersprüche deutlicher benannt werden, ohne ihre Bedeutung als Gründungsereignis der politischen Kultur der Moderne dadurch herabzusetzen. Diese Deutungs- und Wirkungsgeschichte der Revolution kann in dem vorliegenden Überblick nicht behandelt und auch die großen wissenschaftlichen Kontroversen können nur ansatzweise angesprochen werden. Sie können aber erwähnt werden, um den Leser darauf aufmerksam zu machen, daß er sich stellenweise auf schwieriges Terrain begibt. Zu den nach wie vor umstrittenen Fragen gehört jene nach dem Verhältnis der Ursachen der Revolution zu ihrem weiteren Verlauf. Ergibt sich aus einer Analyse des komplexen Ursachenbündels ein Hinweis auf die sich später entwickelnde Dynamik und auf die Richtung der Revolution, oder folgt auf den politischen Zusammenbruch des Ancien Régime eine politische Veränderungs- und Rekonstruktionsphase mit einer eigenen Dynamik und Handlungslogik? War in den Ideen von 1789 das Abgleiten der Revolution in politische Gewalt und in eine systematische Politik der *Terreur* (Schreckensherrschaft) bereits angelegt? Wenn Entstehung und Verlauf der Revolution nicht das Ergebnis von Klassenkämpfen zwischen Adel und Bourgeoisie waren, wie das die marxistische Interpretation lange angenommen hat, was waren dann die Antriebskräfte für die revolutionäre Dynamik, die dazu führte, daß auch nach der Beobachtung der Zeitgenossen innerhalb von wenigen Tagen sich Dinge veränderten, neue Formen entwickelten, für deren Entfaltung und Durchsetzung man in «normalen» Zeiten Jahrzehnte benötigte? Wie wirkten sich die neuen Politik- und Verfassungsformen, die Rhetorik und die Konflikte, die Maßnahmen und Mobilisierungskampagnen der politischen Akteure von der Bildung politischer Klubs bis zur

Teilnahme an Wahlen, vom neuen Kalender bis zur Einführung der Zivilehe, von politischen Festen bis zur Massenaushebung für den Krieg auf die Wahrnehmung und das Verhalten der Menschen in der Revolution aus?

2. Die Krise des Ancien Régime

Keiner dachte an eine Revolution, als der Premierminister des Königs, Loménie de Brienne, am 5. Juli 1787 die Einberufung von Generalständen ankündigte und eine öffentliche Diskussion über deren Form und Ziele eröffnete. Die Generalstände waren im vorrevolutionären Frankreich die Versammlung der Vertreter aller Provinzen, die sich aus Abgeordneten der Geistlichkeit, des Adels und des Dritten Standes zusammensetzte. Seit 1614 waren sie nicht mehr zusammengetreten, und nun sollte ausgerechnet eine uralte Institution in der öffentlichen Diskussion zum Kristallisationspunkt unbestimmter und widersprüchlicher Hoffnungen auf Reform werden. Anzeichen dafür, daß die Monarchie angesichts einer wachsenden Staatsverschuldung auf eine Finanz- und Staatskrise zutreiben könnte, gab es schon seit gut einem Jahrzehnt, und sie verdichteten sich zunehmend. Auch der innenpolitische Dauerkonflikt der Krone mit den Vertretungs- und Kontrollansprüchen der Parlamente, der alten Obergerichte, die die Rolle der institutionell nicht vorgesehenen Opposition einnahmen, hatte sich zugespitzt. Schließlich hatte sich die materielle Situation durch wachsende Spannungslagen zwischen Bevölkerungswachstum und zunehmender Knappheit an Erwerbsstellen, zwischen steigenden Preisen und stagnierenden Löhnen allmählich verschlechtert und wurde durch krisenhafte Entwicklungen im Textilgewerbe und in einer Serie von schlechten Ernten auf dem Lande verschärft. Die Krisenherde des Ancien Régime bündelten sich und stellten das politische System der absoluten Monarchie vor eine Herausforderung, dem dieses nicht mehr gewachsen war, weil es sich zunehmend als reformunfähig erwiesen hatte. Darum wurden langfristige wirtschaftliche, soziale und politische Strukturprobleme zu einer zusätzlichen Belastung, als sie sich mit mittel- und kurzfristigen ökonomischen und finanziellen Krisen, dem erbitterten Widerstand der privilegierten Stände und der mangelnden Anpassungs- und Ausgleichsfähigkeit der Krone verschränkten und – was fast noch wichtiger war – in dem Mobilisierungsprozeß der vorrevolutionären Ständekämpfe politisiert wurden.

Hinweise auf eine zunehmende soziale Unzufriedenheit und Unbotmäßigkeit hatte es in den 1780er Jahren immer wieder gegeben, aber auch schon im Jahrzehnt davor sprach man in der sozialkritischen Publizistik angesichts konjunktureller und struktureller Probleme von Revolten und einer möglichen Revolution. Aber sie war ausgeblieben. Daß eine dieser Revolten in einen offenen Aufstand übergehen würde, hielt Louis Sébastien Mercier, mittelloser Schriftsteller und Publizist, der in seinem «Tableau de Paris» ein waches Auge für die sozialen Verhältnisse bewiesen hatte, angesichts des absolutistischen Überwachungsapparates und angesichts der zahlreichen Verknüpfungen bürgerlicher Interessen mit denen des Hofes für unwahrscheinlich.

2.1. Struktur und Wandel des Ancien Régime

Einer der häufigen Kritikpunkte in der vorrevolutionären Publizistik und auch in den Beschwerdeheften des Frühjahrs 1789 war die «Feudalität». Was die Wortführer der antiständischen Kritik damit meinten, war nicht das mittelalterliche herrschaftliche Rechtssystem, das Verhältnis von Lehnsherr und Vasall, sondern ein sozioökonomisches System; ein System der Grundherrschaft, bei dem die Grundherren, die meist auch Gerichtsherren waren, die grundabhängigen Bauern zu Abgaben in Naturalien oder in Geld bzw. zu Mehrarbeit im Sinne von Herrendiensten verpflichteten. Es ging um feudale, genauer formuliert um seigneuriale (Herren-) Rechte wie Abgaben, Frondienste und Reste von Leibeigenschaft. Was als belastend empfunden wurde, waren weniger die regelmäßigen Abgaben als die Sonderabgaben und die zusätzlichen Rechtstitel des Grundherren wie Frondienste, gerichtsherrliche Abgaben, das Jagdrecht des Grundherren, zusätzliche Abgaben für die Nutzung der grundherrlichen Mühlen oder Keltern und Eingriffe in die Gemeinderechte. Die zunehmende Kritik an diesen Einrichtungen deutet darauf hin, daß in der zweiten Hälfte des 18. Jahrhunderts viele Grundherren, zu denen nicht nur Adlige, sondern auch Bürgerliche gehörten, diese teilweise in Vergessenheit geratenen Rechte wieder in Anspruch nahmen. Viele dieser Rechtstitel wurden an kapitalkräftige Pächter vergeben, die ihrerseits moderne landwirtschaftliche Anbaumethoden praktizierten. Was wie eine Refeudalisierung aussah, war ein Stück Kommerzialisierung und Modernisierung der Landwirtschaft, an dem adlige Grundherren und bürgerliche Pächter gleichermaßen Anteil hatten. Adel und Bürgertum hatten auf dem Lande durchaus gleiche Interessen, nämlich den agrarischen Grundbesitz durch eine Rationalisierung in der Bewirtschaftung und die Nutzung des grundherrlichen Eigentums und der damit verbundenen Rechte optimal auszunutzen. Dazu dienten die Vergrößerung und verbesserte Kultivierung des Bodens wie die Usurpation von Allmenderechten – eigentlich den Rechten aller Dorfgenossen am Gemeindeeigentum – an Weide- und Waldflächen. Gefährdet wurden dadurch die traditionellen dörflichen Gemeinschaftsrechte. Der Agrarkapitalismus bediente sich der alten Eigentumsverfassung, der bäuerliche Protest richtete sich gegen die Intensivierung der grundherrlichen Abgaben. Allerdings waren es bis dahin eher passive Formen des Widerstandes: Man verweigerte die Zahlung der grundherrlichen Abgaben; man führte Prozesse gegen Grundherren und neue Agrarunternehmer; man zerstörte Hecken und Gräben, die die neu eingehegten Felder voneinander trennten. Es waren die Dorfgemeinden, die die antiständische Kritik auf ihre Weise betrieben und damit den Weg in die Bauernrevolution von 1789 eröffneten. Diese sollte eine ebenso bewahrende, antimodernistische Stoßrichtung haben wie die passiven Verweigerungsformen vor der Revolution.

Läßt sich dieses in den 1770er und 1780er Jahren aktuelle Phänomen der sog. «feudalen Reaktion» kaum als Ausdruck des Klassengegensatzes von Feudalaristokratie und Bourgeoisie erklären, so gilt dies auch für die klassische und in ihren Perspektiven sehr viel universalere sozial-ökonomische Erklärung, die die Revolution als eine Folge des Wachstums kapitalistischer Wirtschaftsformen und damit bürgerlicher Interessen verstehen wollte, die sich gegen Adel und Klerus auflehnten, weil diese verhinderten, daß kapitalistische Marktverhältnisse zur beherrschenden Produktionsweise würden. Die Revolution habe demnach ihre eigentlichen Ursachen in einem Klassengegensatz zwischen feudalaristokratischen und bürgerlichen Interessen und sei Ausdruck eines Klassenbewußtseins selbstbewußter bürgerlicher Schichten. Auch wenn ähnliche Thesen schon von Zeitgenossen und Akteuren der Revolution, wie von Antoine Barnave, einem der führenden Köpfe der Nationalversammlung und schließlich entschiedenem Verteidiger der konstitutionellen Monarchie, vorgetragen wurden, läßt sich diese Erklärung längst nicht mehr halten. Einzelne Adlige spielten sehr wohl eine aktive Rolle in der Modernisierung der Landwirtschaft (wie in der Montanwirtschaft, dem Bergbau), und sie unterschieden sich in dieser Zielsetzung kaum von bürgerlichen Grundeigentümern und Rentenbeziehern. Auch in ihren sozialen Zielen gab es kaum Differenzen, denn die bürgerlichen Eliten strebten nach denselben Rängen und Rechten, die der grundbesitzende Adel schon besaß. Adel und Bürgerliche strebten nach denselben Eigentumsformen, nämlich einem festen, gesicherten Besitz in Form von Grundbesitz oder einem rentenartigen Einkommen aus seigneurialen Rechten oder schließlich aus Ämtern, die man kaufen und deren Ertrag man nutzen konnte. Ähnlich wie bei dieser Gruppe von «nicht-kapitalistischen» Besitzern von Eigentumstiteln gab es auch beim Handels- und Industriekapitalismus keine scharfen Trennlinien zwischen Adel und Bürgerlichen. Freilich entstanden dadurch neue Konkurrenzverhältnisse und für den traditionsbewußten Adel bedeutete dieser bürgerliche Aufstiegswille eine Unterhöhlung des überkommenen adligen Status, wie umgekehrt die Wertschätzung aufgeklärter Lebens- und Denkformen in Akademien und Freimaurerlogen die Exklusivität des Adels unterminierte. Schließlich war es keineswegs so, daß durch die vermeintlichen ständisch-feudalen Schranken und

Widerstände die französische Wirtschaft in langfristiger historischer Perspektive gefesselt und zurückgeblieben gewesen wäre, die durch einen bürgerlich-kapitalistischen Aufbruch und Umsturz sich von diesen Hemmnissen hätte befreien müssen. Sicherlich stand die französische Wirtschaft im Vergleich zur englischen nicht an der Spitze der Entwicklung; aber sie war auch nicht als rückständig zu charakterisieren, und die Revolution war keine Revolution des langfristigen wirtschaftlichen Niedergangs und der Armut.

Wirtschaft und Gesellschaft in der zweiten Hälfte des 18. Jahrhunderts waren vielmehr in Bewegung geraten und entsprachen immer weniger dem traditionellen Ständeschema und dem damit verbundenen Standesethos. Der Kapitalismus drang überall durch die Ritzen der alten Ordnung und bediente sich ihrer Möglichkeiten. Die ökonomischen Grenzen verliefen vertikal, durch Adel und Bürgertum, nur in rechtlicher Hinsicht bestand nach wie vor eine horizontale Trennung. Die wirtschaftlichen Spannungen nahmen innerhalb der Stände stärker zu, auch wenn es nach wie vor zwischen den Angehörigen von Adel und Klerus einerseits und der Masse des Dritten Standes in Gestalt der Bauern große materielle und rechtliche Formen der Ungleichheit gab. Die scharfe antiständische Frontstellung zwischen den beiden privilegierten Ständen und dem Dritten Stand nach Ausbruch der Ständekämpfe 1788/89 läßt sich sicherlich nicht aus wirtschaftsgeschichtlichen Ursachen erklären, und zwar weder aus Widersprüchen in der Art und Weise des Wirtschaftens noch aus der langfristigen konjunkturellen Entwicklung.

Entscheidender waren Spannungen im sozio-kulturellen Bereich, die nach 1750 zunahmen und die ihre Ursachen in der Aushöhlung der Grundlagen der politisch-sozialen Herrschaftsordnung hatten. Ausgelöst wurde dieser Transformationsvorgang durch miteinander verbundene wirtschaftliche, gesellschaftliche und kulturelle Veränderungen, die zu einer Differenzierung und auch zu Spaltungen wie zu einem Werte- und Verhaltenswandel innerhalb der Stände führten. Der Adel, der noch immer durch Ansehen, Reichtum und Macht in Gesellschaft und Verwaltung dominierte und am Vorabend der Revolution nach vorsichtigen

Schätzungen zwischen 1 und 4% der Gesamtbevölkerung ausmachte, konnte zwar seine Privilegien behaupten und nach außen durch die eigene Einschätzung und Lebensführung als geschlossene Gemeinschaft auftreten, tatsächlich aber hatten sich die Gegensätze zwischen Schwertadel (dem alten, auf die Ritterzeit zurückgehenden Adel) und Amtsadel (der vom König an hohe Beamte verliehen wurde) nicht nur perpetuiert, sondern mit der Zunahme des politischen und materiellen Gewichts des Amtsadels wuchsen die Tendenzen des Hofadels – des seit 1652 am Hof des Königs konzentrierten Hochadels –, sich nicht nur gegen das Bürgertum, sondern auch gegen die Adelsgruppen abzuschließen, die ihrerseits engere Beziehungen zum höheren Bürgertum pflegten. Die sog. «aristokratische Reaktion» war darum weniger eine Abschließung gegen das Bürgertum, sondern gegenüber Neuadligen. Das verdeutlicht die spektakulärste Maßnahme der Abschottung, das Edikt des Kriegsministers Ségur von 1781, nach dem Armeeoffiziere seit mindestens vier Generationen adlig sein sollten. Die Vielfalt des Adels wurde dadurch noch erweitert, daß der aufgeklärte Adel die Nähe zu den Meinungsführern und Kommunikationsorten der Aufklärung suchte und deren Werte teilte. Läßt sich darin eine Annäherung der Wertewelt innerhalb der aufgeklärten Eliten erkennen, die von den Traditionalisten als «Verbürgerlichung» empfunden wurde, so zeichnete sich innerhalb des Bürgertums, dessen Zahl von etwa 700 000 um 1700 auf 2,3 Millionen in den 1780er Jahren angestiegen war, ein stärkeres Selbstbewußtsein in Abgrenzung von der Lebenswelt des Adels ab. Einfachheit im Verhalten und im Wohnen wurden gepriesen, die Sorge um Hygiene und Gesundheit wurden zu sozialen Tugenden erklärt. Der Höfling mit Perücke und Parfum war dem Bürger ebenso unerwünscht wie der Gestank der Unterschichten in Stadt und Land.

Auch innerhalb des Bürgertums, d. h. der Gruppe des Dritten Standes, deren Eigentum nicht auf Handarbeit beruhte, zeichneten sich stärkere Differenzierungen und Verschiebungen im sozialen Gewicht ab, so daß man kaum von einem bürgerlichen Klassenbewußtsein sprechen kann. Neben den Rentiers, die mit einem Vermögen an Geld- und Eigentumswerten ausgestattet waren und die darauf setzten, durch Ämterkauf oder Grunderwerb in die Nähe des Adels zu kommen, die Juristen und Hofbeamten, die Freiberufler in Medizin, Wissenschaft und Kunst und schließlich die Vertreter des Finanz-, Handels- und Unternehmenskapitals. Letztere Gruppe nahm zahlenmäßig deutlich zu und stieg vor allem im Überseehandel auf, stellte aber kaum die Akteure der Revolution. Die kamen aus der Gruppe der Advokaten, Wissenschaftler und Beamten. Wenn sich die sozialen Spannungen gegen Ende des Ancien Régime noch verschärften, so hatte dies auch mit einer zunehmenden Übersetzung des Arbeitsmarktes für bürgerlich-intellektuelle Berufe zu tun. Die gescheiterten Hoffnungen einer jüngeren Generation, die keinen Platz mehr in den Akademien, an den Gerichten und in den Amtsstuben fand und sich als Publizisten und Gelegenheitsschriftsteller durchschlagen mußte, mündeten in eine scharfe Adels- und Parlamentskritik, die damit eigentlich allen Privilegierten und Etablierten galt.

2.2. Die kulturellen Ursprünge der Revolution

Das führt zu der Frage nach dem Beitrag der Aufklärung zum Ausbruch der Revolution – einem Thema, das schon die Zeitgenossen der Revolution leidenschaftlich diskutierten. In der Regel sahen sie in der intellektuellen Herausforderung aller überkommenen Formen des Denkens, Glaubens und Handelns, die wir vereinfacht als Aufklärung bezeichnen, eine entscheidende Voraussetzung der Revolution und verstanden die Revolution als Verwirklichung der Aufklärung. Das gilt – negativ gewendet – auch für die Gegner der Revolution, die in ihr ein Werk der Verschwörung durch Aufklärer und Freigeister sahen. Wie so oft, sind auch in diesem Falle die Zusammenhänge sehr viel komplexer. Eine direkte, persönliche Einflußnahme durch die großen Geister der Aufklärung hat es nicht gegeben, da sie alle lange vor 1789 gestorben waren; und es führt auch keine direkte organisatorische Linie von Aufklärungsgesellschaften zum Jakobinerklub, wie das die Verschwörungstheoretiker behaupteten. Auch haben die Revolutionäre ihre Handlungsanweisungen nicht unmittelbar aus den politischen Schriften des aufklärerischen Philosophen Rousseau (1712–1778) und anderer Meisterdenker bekommen, sondern allenfalls aus populären Verschnitten, die von einigen weniger bedeutenden Autoren wie etwa dem Abbé Raynal zusammengestellt und in Büchern und Zeitschriften verbreitet wurden. Meist verdichtete sich die Rezeption erst mit der Notwendigkeit, in den Ausschüssen der Nationalversammlung oder in den politischen Klubs Konzepte und Begründungen für die politische Praxis zu bekommen. Bis dahin war die Botschaft der in sich ohnehin sehr heterogenen Aufklärung eher in einem Denkstil, in spezifischen Kommunikationsformen und in ein paar Grundbotschaften vermittelt worden, die traditionelle Werte und Autoritäten in Frage stellten. So war seit den 1770er Jahren immer häufiger zu beobachten, daß an die Stelle von Monarchie, ständischer Ordnung und Religion als oberste Referenzwerte Nation, Freiheit und Volkssouveränität, Natur und Vernunft traten. Auch die Lesestoffe veränderten sich: Religiöse und staatsrechtlich-historische, auf jeden Fall loyale Literatur trat deutlich zurück hinter einer explosiven Mischung von politischer, systemkritischer Literatur aus der Feder philosophierender Schriftsteller und pornographischer Literatur, gelegentlich aus Geldnot von denselben Autoren verfaßt und immer in ihrer Wirkung subversiv und autoritätskritisch. Hinzu kamen aufgeklärte Sozietäten von den Akademien über die Salons, die Freimaurerlogen und Lesekabinette, in denen das neue Denken propagiert, diskutiert und teilweise auch praktiziert wurde. Die Aufklärung, so wird man zusammenfassend sagen können, war Katalysator und Symptom einer zunehmenden Autoritätskrise; ihre Bedeutung lag darin, daß sie einen neuen und kritischen politischen Diskurs begründete und ausweitete, indem sie mit ihren Organisations- und Kommunikationsformen eine öffentliche Sphäre des kritischen Raisonnements mit der Tendenz zur unbeschränkten Dynamisierung und Radikalisierung des Denkens schuf.

2.3. Die Reformunfähigkeit der Monarchie

Seine systemsprengende Kraft entfaltete dieses Denken in dem Augenblick, als Reformunfähigkeit und Systemkrise des Ancien Régime erkennbar wurden. Denn weder die zunehmenden sozialen Spannungen innerhalb der Stände noch die Partizipationsansprüche bürgerlicher Gruppen und auch nicht Verbreitung eines auf Freiheit und bürgerliche Gleichheit gerichteten Denkens haben zum Zusammenbruch des Ancien Régime geführt, sondern dessen Funktions- und Reformunfähigkeit im Augenblick einer wachsenden Finanz- und Wirtschaftskrise. Dabei waren die strukturellen Probleme nicht neu. Sie waren immer wieder aufgebrochen, wenn die Monarchie ihre Macht zu bekräftigen und ihre Finanzen zu verbessern suchte. Doch trotz aller äußeren Prachtentfaltung war es keinem der Könige seit Ludwig XIV. (1643–1715) gelungen, den Verwaltungsaufbau und das Steuerwesen zu reformieren, da sie immer von den ständischen Zwischengewalten daran gehindert wurden. Doch diese – nämlich die Parlamente wie die Provinzialversammlungen, der Klerus und die Hofaristokratie – waren nicht geschlossen genug, um Alternativen zu entwickeln, wohl aber einflußreich genug, um immer wieder zu blockieren. Denn auch wenn die Krone mit ihrem höfischen Glanz den Eindruck einer zentralistischen Macht erweckte, der auch die Disziplinierung des selbstbewußten Adels gelungen sei, blieb die absolute Monarchie unvollendet und weiterhin von den Zwischengewalten abhängig.

Der König befand sich in einer Doppelrolle, die ganz den Ungleichzeitigkeiten und Überschneidungen der Zeit entsprach. Er war Mann seiner Herkunft, oberster «Lehnsherr» und oberste Spitze einer ständischen Gesellschaft. Zugleich war er Chef einer in Versailles mit zentralistischem Anspruch agierenden Verwaltung, die sich weder gegen die Zwischengewalten noch nach unten in den Provinzen hinreichend durchsetzen konnte. Die Monarchie war nicht nur Appendix der herrschenden feudalen Gruppen, sondern besaß eine eigene Legitimation und eigene Formen der Intervention gegenüber der ständischen Gesellschaft. Der König regierte mit seinem Ministerium. Daneben wurde der Generalkontrolleur der Finanzen mit der Zuständigkeit für die innere Verwaltung in dem Maße einflußreicher, je wichtiger die Finanzierung des Staates und seiner Schulden wurde. Die innere Verwaltung in den 34 Finanz- und Steuerbezirken lag in den Händen der Intendanten, Agenten der königlichen Zentralgewalt vor Ort. Doch sie konkurrierten mit traditionellen Verwaltungsorganisationen und -praktiken und ständischen Beamten, die ihre Legitimation nicht von der Zentrale, sondern aus ihrer ständischen Zugehörigkeit und regionalen Herkunft ableiteten. Letztinstanzliche Entscheidungen in der Region beanspruchten die Parlamente, die freilich von einem starken König in einem altertümlichen Verfahren einer Gerichtssitzung (*lit de justice*) zum Gehorsam gezwungen werden konnten. Hinzu kamen noch kirchliche Verwaltungsgliederungen mit eigenen Strukturen und Grenzen, ferner unzählige Sonderrechte für einzelne Regionen. Daraus entstand ein Wirrwarr von rechtlichen, administrativen und herrschaftlichen Überschneidungen und Kompetenzen, denn in einer vormodernen Herrschaftsordnung, so kompakt sie sich auch darstellte, wurde nichts von den überkommenen Schichten, Institutionen und Bräuchen einfach abgeschafft, sondern es blieb neben dem Neuen weiterbestehen. Das sollte sich mit der Revolution und ihrer Grunderfahrung der Machbarkeit und Planbarkeit ändern.

Die Grenzen der Reform in diesem labilen Gleichgewichtssystem, das durch den Wandel der Gesellschaft zusätzlich durcheinandergebracht wurde, lagen in der Unvereinbarkeit von ständischen Wertvorstellungen und den Erfordernissen bürokratischer Rationalisierung.

Das wurde nirgends deutlicher als beim Steuersystem und den hoffnungslosen Versuchen, es zu reformieren, um es gerechter und effizienter zu gestalten. Auch hier erweisen sich die ständischen Lokal- und Zwischengewalten als Elemente der Beharrung. Denn Steuern waren in den *pays d'état*, den Provinzen mit eigenen ständischen Versammlungen, nur mit deren Zustimmung zu erheben, während in den *pays d'élections* – die in Steuerfragen unmittelbar vom König abhängig waren – diese von königlichen Beamten angeordnet werden konnten. Unter den Steuerlasten litten vor allem die Bauern; sie mußten neben den königlichen Steuern noch die Feudalabgaben, den Kirchenzehnten und Gerichtsabgaben leisten. Das städtische Bürgertum litt darunter finanziell wenig, und von Steuern gänzlich befreit waren die Angehörigen der beiden ersten Stände. Nicht die Höhe der Steuern war, etwa im Vergleich mit England, der eigentliche Grund zur Empörung, sondern die dramatische Ungleichheit der Steuern in ihrer sozialen Verteilung wie in ihrer regionalen Unterschiedlichkeit und Vielfalt. Die indirekten Steuern und Zölle empörten die Bauern besonders, obwohl sie weniger am Staatseinkommen ausmachten als die direkten Steuern, die ebenfalls durch ihre Ungleichheiten Anlaß zur Unzufriedenheit boten.

Da eine Steuererhöhung kaum in Frage kam und auch nicht durchsetzbar war, hatten seit der Mitte des 18. Jahrhunderts bereits mehrere Generalkontrolleure der Finanzen den Versuch unternommen, durch Schaffung von Steuergleichheit mehr Steuern für den Staat einzutreiben, was jedoch am Widerstand der Zwischengewalten gescheitert war. Den Versuch einer Verlängerung der Sonderabgabe des sog. Zwanzigsten nutzten die Parlamente von Paris, Grenoble, Toulouse und Rouen in ihren Remonstranzen (Weigerungen) sogar zu einer Grundsatzerklärung, indem sie die Verabschiedung aller Gesetze von der Zustimmung der Parlamente abhängig machen wollten. Damit erreichte die Konfrontation eine neue Dimension, indem die Parlamente sich zu Hütern der Grundrechte des Königreiches erklärten und sich gleichsam Souveränitätsrechte anmaßten. Das wiederum forderte die Krone heraus, für die Minister Maupeou eine Justizreform betrieb und die Parlamente abschaffte. Statt dessen setzte er neue Appellationsgerichtshöfe mit ausschließlich juristischen Kompetenzen ein. Doch bevor der Widerstand der Juristen gebrochen war, starb Ludwig XV., und sein Nachfolger Ludwig XVI., gutwillig und auf Beifall bedacht, holte die Parlamente zurück. Dies dankten sie ihm schlecht, denn sie pochten um so mehr auf die Privilegien und lehnten jede Form der Steuergleichheit ab. Bald darauf scheiterte auch der Freund der aufgeklärten Philosophen, der neue Generalkontrolleur der Finanzen, Turgot, als er 1776 durch eine systematische Reform die Vision eines aufgeklärten

Absolutismus durchzusetzen versuchte. Das war, wie sich bald zeigen sollte, der endgültige Beleg für die Reformunfähigkeit der Monarchie. Turgots Nachfolger, der Schweizer Protestant Necker, ein Außenseiter im französischen Ancien Régime, aber als erfolgreicher Bankier kreditwürdig, versuchte es mit kleinen administrativen Korrekturen und vor allem mit Auslandsanleihen, um die Kosten des amerikanischen Krieges (1778–1783) zu finanzieren, der mit der Unabhängigkeit der Vereinigten Staaten und der Demütigung Englands im Frieden von Paris seinen Abschluß fand. Um den Kredit des Staates zu erhöhen, veröffentlichte er 1781 erstmals in der Geschichte der Monarchie ein Staatsbudget, aus denen die empörte Öffentlichkeit nur die hohen Ausgaben des Hofes, vor allem für die Pensionen des Hofadels herauslas. Auch sein Nachfolger Calonne versuchte 1786 durch einige Konzessionen an die Adresse der privilegierten Stände diese zur Aufhebung ihrer steuerlichen Privilegien zu bewegen. Der Notabelnversammlung, deren Einberufung er dem König empfohlen hatte, schlug er im Februar 1787 die Bildung von Provinzialversammlungen vor und erwartete dafür die Zustimmung zu seinem Programm einer allgemeinen Grundsteuer, einer Reduktion der Salzsteuer und der Aufhebung von Zöllen. Calonne rechnete damit, daß die Notabeln, die überwiegend aus dem Adel stammten, es sich nicht leisten könnten, angesichts einer extremen Notlage gegen eine starke öffentliche Meinung auf den Privilegien zu beharren. Daß die Notablen, wie andere Zwischengewalten auch, an ihrer strikten Ablehnung festhielten, hatte zwei Gründe: Sie empfanden den absolutistischen Staatsbildungsprozeß als Gefährdung ihrer eigenen politisch-sozialen Autonomie; zweitens sahen sie sich von den Aufstiegserwartungen neuer, wohlhabender Schichten und umgekehrt von der zunehmenden antifeudalen Stimmung unter den Bauern in ihrem Status bedroht. Zur Stärkung ihrer Position forderten die Notabeln wieder die Einbeziehung der Parlamente oder, was noch populärer war, die Einberufung der Generalstände. Sie galten, auch wenn sich kaum jemand an sie erinnern konnte, als legitime Vertreter der gesamten Nation. Indem man sich auf die Nation und deren Repräsentation berief und im Machtkampf zwischen der Krone und den Ständen auf eine politische Mobilisierung der Öffentlichkeit setzte, wurden politische Begriffe und Strategien in die öffentliche Debatte gebracht, die bald eine Eigendynamik entfalteten und sich am Ende gegen die alte Ordnung wenden sollten. Vor allem die provinzialen Selbstverwaltungskörperschaften, die 1787 ins Leben gerufen wurden, erwiesen sich als Schule der künftigen Revolution. Etwa 18 % der Mitglieder der Nationalversammlung von 1789 gehörten vorher den provinzialen Ständeversammlungen an.

2.4. Die Pré-Révolution

Zunächst wurde jedoch Calonne Opfer der Machtkämpfe bei Hofe. Sein Nachfolger Loménie de Brienne, Erzbischof von Toulouse, stieß auf denselben Widerstand und löste daraufhin im Mai 1787 die Notabelnversammlung auf. Er setzte nun wieder auf die absolutistische Macht und hoffte durch den Zwang eines *lit de justice* neue Steuergesetze durchzusetzen, wogegen das Parlament von Paris seinerseits öffentlichen Protest einlegte. Mit einer neuerlichen publizistischen Kampagne gingen die selbsternannten Verteidiger der Freiheit gegen den ministeriellen Despotismus vor. Die Phase der *Pré-Révolution* begann und brachte endgültig eine neue Macht ins Spiel – die Öffentlichkeit.

Das aufsässige Parlament wurde nach Troyes verbannt, daraufhin kam es in vielen Provinzen zu Aufständen, Streiks und Plünderungen, bis schließlich die Regierung nachgab und das Parlament zurückkehren ließ. Eine neue Runde im Machtkampf begann; wieder wurde das Parlament entlassen, wieder kam es zu einem öffentlichen Entrüstungssturm, bei dem die monarchische Regierung eindeutig in die Defensive geriet und die königliche Autorität in Flug- und Schmähschriften in Frage gestellt wurde. Als auch die Ständeversammlungen in den Provinzen immer lauter nach den Generalständen riefen, kam das Ministerium Brienne schließlich dem öffentlichen Druck nach und verkündete die Einberufung der Generalstände. Sofort erregte eine neue Flut von Reformbroschüren und politischen Pamphleten das Land, das zugleich unter einer schweren Ernte- und Teuerungskrise litt.

Bald sollte in den publizistischen Kämpfen, die trotz des Fortbestandes der Zensur in einer Atmosphäre der freien Meinungsäußerung abliefen, die Widersprüchlichkeiten der Erwartungen und Forderungen deutlich werden. Die privilegierten Stände meinten mit ihrer Kritik am «ministeriellen Despotismus» und der Forderung nach einer Regeneration Frankreichs die Wiederherstellung bzw. Einhaltung ihrer angestammten, historischen Vorrechte und «Freiheiten», während die Wortführer des Dritten Standes, die sich bald «Patrioten» nannten, ausgehend von der Formulierung einzelner Mißstände bald die Abkehr von einer ständisch-korporativen Herrschafts- und Gesellschaftsordnung und vom König die Neuordnung des Gemeinwesens als souveräner Nation erwarteten. Sprachlich und politisch besonders wirksam formulierte im Januar 1789 der Abbé Sièyes, der erste politische Erfahrungen in der Provinzialversammlung des Orléanais gesammelt hatte, was in vielen anderen Broschüren wiederholt werden sollte: die politische Freiheit und Souveränität für die Nation. Die Frage schien einfach, die Antwort war revolutionär: «Was ist der Dritte Stand? Alles. Was ist er bisher in der staatlichen Ordnung gewesen? Nichts. Was will er? Etwas darin werden.» Indem er den Dritten Stand zur Nation erklärte, tat er nichts anderes, als die Rechtfertigung traditioneller Herrschaft, nach der nur eine politisch-soziale Führungsgruppe die Nation bildete, herumzudrehen. Der Dritte Stand besäße alles, was eine Nation zu ihrer Bildung und Erhaltung bedürfe. Wenn man den privilegierten Stand wegnähme, wäre die Nation nicht etwas weniger, sondern sogar etwas mehr.

Das Gewicht dieser Forderungen nach einer umfassenden Reform nahm in dem Maße zu, in dem die Traditionalisten an ihren ständischen Interessen und Vorrechten festhielten und hinter ihrer Rhetorik, nach der sie als Repräsentanten des Volkes agierten, ihre partikularen Interessen hervortraten. Das geschah in aller Deutlichkeit, als die Parlamente am 23. September 1788 sich für die alte Form der Zusammensetzung und des Abstimmungsverfahrens erklärten, nach der Klerus und Adel doppelt so stark vertreten waren wie der Dritte Stand und jeder Stand getrennt abstimmen sollte. Auf Vorschlag von Brienne, der nicht weiter wußte, rief der König Necker als Premierminister zurück. Auch sein zweiter Anlauf sollte scheitern. Die zweite Notabelnversammlung, die für Anfang November 1788 einberufen worden war, lehnte seine Reformvorschläge ab. Die Monarchie stand vor dem finanziellen Bankrott, niemand wollte ihr noch Kredite geben. Die Notabelnversammlung hoffte, die Generalstände als Instrument nutzen zu können, um dem König ihre Vorstellungen aufzuzwingen. Necker suchte hingegen die patriotische Grundstimmung der Öffentlichkeit für die Krone zu mobilisieren und setzte im Kronrat am 27. Dezember 1788 gegen den Widerstand der Brüder des Königs, die von jeder Konzession eine Gefährdung der monarchischen Herrschaft befürchten, eine Verdoppelung des Dritten Standes durch. Dieses Zugeständnis wurde jedoch wieder dadurch entwertet, daß eine gemeinsame Abstimmung nach Köpfen vom König nicht akzeptiert wurde. Nach Calonne und Brienne mußte nun auch Necker erfahren, daß vom König keine Unterstützung für eine entschiedene Reform zu erwarten war. Dennoch dachte in diesem Augenblick kaum jemand an eine Revolution, geschweige denn an einen Sturz der Monarchie.

Diese Stimmung fand auch einen massenhaften Niederschlag in den Beschwerdeheften (*cahiers de doléances*), welche die Wahlen zu den Generalständen in den ersten Monaten des Jahres 1789 begleiteten. Was nach einem alten ständischen Brauch das Recht einer jeden Versammlung bei der Wahl ihrer Deputierten war, nämlich in rund 60 000 Wahlversammlungen ihre Beschwerden und Erwartungen zu formulieren, wurde unter den Bedingungen der einsetzenden Massenmobilisierung zu einer Art Volksbefragung (und für den Historiker zu einer unschätzbaren Quelle). Die Bauern klagten über die Belastungen durch die «Feudalität», die Bürger forderten die Gleichheit vor dem Recht, Teile des Adels unterstützten die Forderung nach konstitutionellen Freiheiten. Jedoch dachte niemand daran, die Monarchie abzuschaffen. Im Gegenteil, viele Cahiers erwarteten vom König, daß er die ständische Ordnung abschaffen sollte. Radikalere Forderungen kamen aus Pariser Wahlbezirken; dort konnte man erst Anfang Mai die Wahlversammlungen abhalten, als die politischen Auseinandersetzungen schon ihre eigene Dynamik entfaltet hatten. In den Pariser Cahiers sprach man darum von einer Verfassung, die man sich geben müsse, von politischer Freiheit und einer heraufziehenden Revolution.

Die Wahlen erfolgten nach einem gestuften, d. h. indirekten Verfahren. Nur die oberen Stände führten in den Bezirksversammlungen eine direkte Wahl durch. Beim Klerus waren alle Pfarrer, aber nicht alle Domherren und Klöster wahlberechtigt. Auch beim Dritten Stand hatte jeder Stimmrecht, der älter als 25 Jahre und in die Steuerrolle eingetragen war. Das war für die damaligen Zeiten relativ demokratisch. Das gestufte Wahlrecht sorgte jedoch für Mäßigung. Gewählt wurde nach Zünften, Stadtvierteln, Dörfern, d. h. nach Pfarrgemeinden. Dort wählte man Wahlmänner, die wiederum aus ihrer Mitte die Deputierten für die Generalstände auswählten. Allein das langwierige Wahlverfahren legte es den politisch engagierten Bürgern nahe, in Stadt und Land durch Broschüren und Flugblätter Propaganda zu machen, auch um die Abfassung der Beschwerdehefte vorzubereiten.

2.5. Eine Krise des «alten Typs»

Neben der Einberufung der Generalstände machte im Frühjahr 1789 der dramatische Anstieg des Brotpreises Schlagzeilen. Nun erreichten Unzufriedenheit und Erregung auch diejenigen, die von der öffentlichen Auseinandersetzung um die Finanzmisere und die Funktionsunfähigkeit des Staates noch nicht unmittelbar erreicht und mobilisiert worden waren. Die wirtschaftliche Not, die infolge von Teuerung und Unterproduktion die städtischen Konsumenten und dann auch Handel und Gewerbe betraf, brachte die «Massen» auf die politische Bühne. Die Mechanik dieser Krise vom alten Typ verlief zunächst nach einem bekannten Muster: Eine Mißernte von 1788 und ein sehr strenger Winter 1788/89 führten zu Ernteausfällen und brachten die Bauern um die Chance, Getreide auf dem Markt zu verkaufen bzw. genügend Futter für die Viehhaltung zurückzubehalten. Nur die Speicher der weltlichen und geistlichen Grundherren waren gefüllt mit Produkten, die durch Abgaben des Zehnten und des

Fruchtzinses hereingekommen waren. Sie wurden darum zum Objekt der Empörung und der Forderung nach Öffnung bzw. des Verkaufes zu einem «gerechten Preis». Um dem Nachdruck zu verleihen, kam es zur Plünderung von Getreidetransporten, zum Protest gegen eine schlechte Verwaltung, der man die Verantwortung für das tägliche Brot zuschrieb. Noch dramatischer waren die Folgen der Preiserhöhungen für die städtischen Konsumenten, für die Brot als Grund- und Hauptnahrungsmittel lebenswichtig war. Im Juni/Juli 1789 sollte der Brotpreis mit einer Steigerung von etwa 200% im Vergleich zu den guten Jahren den Höchststand des Jahrhunderts erreichen. Ein städtischer Handwerker mußte im Durchschnitt etwa 50% seines Einkommens für die Versorgung mit Brot ausgeben. Jede Preissteigerung konnte existenzbedrohend werden und führte vor allem zu einem starken Rückgang der Nachfrage nach allen anderen Gütern des täglichen Bedarfs. Zuletzt war eine ähnliche Situation mit Teuerungskrise und Brotkrawallen 1775 eingetreten, nun aber schlugen die epidemisch auftretenden Brotunruhen auf das politische Klima durch. Die heftigsten Unruhen fanden in Paris im April 1789 zum Zeitpunkt der Wahlen zu den Generalständen statt. Als der Tapetenfabrikant Réveillon im Faubourg Saint-Antoine bei einer Wählerversammlung am 23. April 1789 darüber klagte, daß er seinen 350 Manufakturarbeitern so hohe Löhne zahlen müsse, zog er den Volkszorn auf sich. Obwohl er im Rufe eines guten Arbeitgebers stand, kam es vier Tage später zu Demonstrationen und trotz einer Polizeibewachung schließlich auch zum Sturm auf sein Haus wie zu Plünderungen durch eine aufgebrachte Menge, meist von Gesellen, Kleinhandwerkern und Arbeitern. Bei der Niederschlagung der Unruhen kam es zu Hunderten von Toten. Auch wenn die Demonstranten in Rufe wie «Es lebe der Dritte Stand» oder «Es lebe der König. Es lebe Monsieur Necker» ausbrachen, waren das noch keine Aktionen einer politischen Volksbewegung, sondern Ausdruck eines uralten Denkens und Handelns, das von der Vorstellung des «gerechten Preises» und der Fürsorgepflicht des «guten» Königs ausging. Der Réveillon-Aufstand war darum nur ein Vorspiel der Revolution.

3. Drei Ereignisse – eine Revolution
Der Sommer 1789

Die knapp 1200 Deputierten, die Ende April 1789 nach Versailles kamen, um in einer feierlichen Eröffnungsprozession das Ritual einer scheinbar intakten ständisch-monarchischen Herrschaft zu erleben, hätten sich kaum vorstellen können, daß sie bis zum Herbst 1791 in Versailles bzw. in Paris bleiben und dort die dramatischen Ereignisse einer Verfassungsrevolution erleben bzw. gestalten würden. Bei der letzten Einberufung der Generalstände im Jahre 1614 waren die Deputierten, nachdem sie ihre Gravamina dem König vorgetragen hatten, bald wieder nach Hause geschickt worden. Im Mai 1789 stießen die Deputierten jedoch auf einen schwachen und unentschiedenen Monarchen, der voller Halbherzigkeiten der politischen Entwicklung stets nachlaufen sollte und sich nun sehr bald nach der Selbstproklamation der Nationalversammlung mit einer politischen Gegenmacht konfrontiert sah, die schließlich das alleinige Machtzentrum darstellte und die Delegitimation des Monarchen betrieb.

3.1. Von den Generalständen zur Nationalversammlung: die Verfassungsrevolution

Bereits das Eröffnungszeremoniell hatte den Deputierten des Dritten Standes ihre Inferiorität verdeutlicht. Bereits beim Empfang für die Mitglieder der einzelnen Stände wurde die zeremoniale Ordnung zur Demütigung des Dritten Standes. Man verwies sie an die Spitze des Zuges, möglichst weit weg vom König. Beim Eintreffen in der Ludwigskirche mußten sie sehen, wo sie einen Platz fanden. Nur für Adel und Klerus waren Plätze reserviert. Während die Deputierten des Ersten und Zweiten Standes aufwendige Kostüme mit ihren jeweiligen Rangabzeichen trugen, hatte sich der Dritte Stand in einem einheitlichen schwarzen Anzug, mit schwarzen Strümpfen und einem schwarzen Mantel zu präsentieren.

Am 5. Mai eröffnete der König Ludwig XVI. die Sitzungsperiode mit einer kurzen nichtssagenden Ansprache und ließ anschließend von Minister Necker langatmig beschreiben, was er von der Versammlung der Generalstände erwartete: eine Reform des Steuerwesens, der Pressefreiheit, der Kriminalgesetzgebung und der Justizverwaltung. Nichts wurde über eine etwaige Verfassung des Reiches gesagt, nichts über die noch immer offene Frage des Abstimmungsmodus. In ihren Reformerwartungen völlig enttäuscht weigerten sich die Abgeordneten vor allem des Dritten Standes über eine Steuererhöhung zu reden, bevor ihnen nicht politische Mitspracherechte eingeräumt würden. Um dem Nachdruck zu verleihen, weigerten sich die Deputierten des Dritten Standes, an dem rein technischen Wahlprüfungsverfahren, das nach Ständen getrennt durchgeführt werden sollte, teilzunehmen. Statt dessen nannten sie sich nach dem Vorbild der Provinzialversammlung von Vizille und in deutlicher Anlehnung an das englische Unterhaus *députés des communes*; vor allem aber forderten sie entgegen der ständischen Tradition die gemeinsame Beratung der drei Stände und die Abstimmung nach Köpfen. Das hätte nicht nur ihre zahlenmäßige Überlegenheit von 578 gegenüber 291 Deputierten der Geistlichkeit und 270 Deputierten des Adels in die Waagschale geworfen, sondern auch ihre Erwartung realisiert, daß auf diese Weise ihr Anspruch, als größte Gruppe die Nation zu repräsentieren, auch sichtbar würde und sich allmählich auch Vertreter der beiden anderen Stände diesem Deutungs- und Verfassungswandel anschließen könnten. Denn in der Tat waren die Deputierten der drei Stände in sich hinsichtlich ihrer Vorstellungen und Interessen kaum geschlossen, und die Revolution der Deputierten kam nur deswegen zustande, weil es eine nicht geringe Zahl von Deputierten gab, die nicht ausschließlich standes- und interessenbezogen handelten. Fast ein Drittel des Adelsstandes, nämlich neunzig Adlige, waren aufgeklärt-liberal eingestellt; beim Ersten Stand gehörten zwei Drittel der niederen Geistlichkeit an und waren gegenüber Reformen in dem Maße aufgeschlossen, wie sie gegenüber dem hohen Klerus kritisch waren. Aber auch unter den Bischöfen, von denen nur 46 vertreten waren, gab es liberale Geister, wie z. B. Talleyrand, der Bischof von Autun. Der Dritte Stand war zu Anfang besonders geschlossen. Mehr als die Hälfte der nicht ganz 600 Deputierten des Dritten Standes waren Advokaten und Notare; daneben Angehörige der Beamtenschaft, Handelsherren und Manufakturbesitzer. Einige Deputierte kamen aus den beiden anderen Ständen, wie etwa der Abbé Sieyès oder der Graf Mirabeau.

Der ganze Monat Mai war nach der Eröffnungszeremonie äußerlich von Abwarten geprägt; tatsächlich fanden die Männer des Dritten Standes zusammen und bildeten erste informelle Zirkel außerhalb der Versammlung, wie die «Société des Trentes» und das «Comité breton», um das weitere Vorgehen abzusprechen. Nach und nach bröckelte unterdessen die Front der Geistlichen; am 12. Juni waren die ersten Überläufer zum Dritten Stand zu registrieren, darunter der Abbé Grégoire, bis sich die *Communes* am 17. Juni stark genug fühlten, um sich als Nationalversammlung zu proklamieren. Indem sie die These propagierten, daß sie «wenigstens 96% der Nation» und darum auch den «Gemeinwillen der Nation» repräsentierten, begingen sie einen revolutionären Akt. Aus den Deputierten und Interessenvertretern einzelner Korporationen und Stände wurden in einem politischen Bekenntnisakt Repräsentanten von ganz Frankreich. Damit stellte die Nationalversammlung die politischen Rechte der beiden anderen Stände in Frage und beanspruchte für die neue unteilbare Gesamtrepräsentation, der sich auch die Deputierten von Klerus und Adel anschließen konnten, Rechte und Funktionen, die einer Ständeversammlung noch nie zugekommen waren. Die Nationalversammlung beanspruchte die Gesamtheit der Nation zu repräsentieren. Dies stand bislang nur dem König zu und bedeutete eine – zunächst noch verdeckte – Kampfansage an die traditionelle Herrschaftsordnung. Die eigentliche Machtprobe stand noch aus und sollte sich in Etappen vollziehen.

Der revolutionäre Schritt des Dritten Standes, der durch einen feierlichen Treueid symbolisch bekräftigt wurde, zwang die Deputierten des Ersten und Zweiten Standes, aber vor allem den König zu einer Entscheidung. Am 19. Juni entschied sich eine knappe Mehrheit der Geistlichkeit (149 gegen 137) für den Zusammenschluß, im Zweiten Stand sprachen sich eine reformfreudige Minderheit von 80 Deputierten ebenfalls dafür aus. Die anderen Deputierten, die an der ständischen Herrschaftsordnung festhalten wollten, scharten sich nun um den König, den sie Wochen zuvor noch in seiner Macht hatten beschneiden wollen. Ludwig XVI., in Marly von seinen liberalen Ministern getrennt und nur von reaktionären Hofkreisen umgeben, neigte zu Entschlossenheit und berief für den 23. Juni eine *séance royale* (königliche Sitzung) der Stände ein. Bis dahin versuchte man, die revolutionäre Versammlung am Zutritt zum Sitzungssaal zu hindern, bis diese sich am 20. Juni in einem Saal des Ballhauses traf, um den Schwur zu leisten, sich nicht eher zu trennen, bis eine Verfassung geschaffen worden sei. Das war eine weitere revolutionäre Tat, durch die verfassungsrechtlich der Versammlung die Rolle einer kontinuierlich tagenden verfassunggebenden Versammlung und symbolisch ihrem Entschluß ein gleichsam religiöser Ernst zuerkannt wurde. Verstärkt wurde der Eindruck von Entschlossenheit und Einheit durch die Vereinigung mit der Mehrheit der Geistlichen und einer Anzahl von Adligen am 22. Juni in der Ludwigskirche. Der König versuchte in der Gesamtsitzung der Stände am 23. Juni nach einem feierlichen Einzug unter großem monarchischem Gepränge und mit militärischen Drohgebärden alles rückgängig zu machen, was in den Tagen zuvor von der revolutionären Versammlung proklamiert worden war. Zum Zeichen ihres Anspruchs auf Selbständigkeit hielten sich deren Mitglieder nicht an das übliche Ritual und behielten in Anwesenheit des Königs ihre Kopfbedeckung auf. Der König versprach in seiner Ansprache Reformen, die aber nichts an der ständischen Struktur der politischen Gesellschaft ändern und keine Privilegien antasten sollten. Auch sollten die Stände weiterhin getrennt tagen; falls sie sich weigerten, werde er sie mit Gewalt auflösen.

Die politische Entwicklung war über dieses Minimalprogramm, das Monate zuvor noch Zustimmung gefunden hätte, längst hinweggegangen, und auch das Zeremoniell beachteten die Abgeordneten nicht mehr. Bailly erklärte dem Großzeremonienmeister, der Gehorsam gegenüber der königlichen Anordnung einforderte, daß die «versammelte Nation keine Befehle entgegennähme»; Mirabeau fügte hinzu, daß man sich nur durch die Macht der Bajonette vertreiben lassen werde. Umgekehrt verlangte er für die Versammlung das Recht auf Gegenrede und Aussprache. Der König zögerte, wandte die Gewalt der Bajonette teilweise an und gab nach, als Adlige sich schützend vor den Dritten Stand stellten und 47 Deputierte des Adelsstandes unter der Führung seines Cousins, des Herzogs von Orleans, sich der Versammlung anschlossen. Am 27. Juni gab Ludwig XVI. schließlich nach und befahl den beiden oberen Ständen, d. h. denjenigen, die sich bislang der politischen Entwicklung widersetzt hatten, sich der Nationalversammlung anzuschließen. Der Sieg des Dritten Standes blieb jedoch gefährdet, was allein schon der drohende militärische Aufmarsch von Truppen unweit von Versailles und der unruhigen Hauptstadt verdeutlichte. Die Entlassung von Necker am 11. Juli, eine symbolische Herausforderung an die Adresse des Dritten Standes, tat ein übriges, um die Erregung in Paris anzuheizen.

3.2. Brot und Freiheit.
Die städtische Volksrevolution

Die Verfassungs-Revolution in Versailles sollte durch die Hauptstadt-Revolution in Paris und später in anderen Städten der Provinz gerettet werden. Damit tauchte das Volk, d. h. soziale Schichten und Akteure, in der politischen Arena auf, die die Geschehnisse bisher nur als Zuschauer oder als Objekte von Politik erlebt hatten. Auch die politische Bühne erweiterte sich um Straßen und Plätze, um Versammlungsorte im Freien wie dem Palais Royal oder um ehemalige Kirchen und Klöster. Schließlich sollte mit der sozialen und topographischen Ausweitung der Revolution auch der Modus der politischen Auseinandersetzungen erweitert werden: Zur parlamentarischen Rede und politischen Broschüre kamen soziale Affekte und Emotionen. Es herrschte in Paris eine Stimmung der politischen Erregung und hitzigen Debatten, aber auch der Ängste und Gerüchte.

Schon vor dem Juli 1789 wurden im Palais Royal und auf den Straßen die Schriften von Sieyès und die Gegenschriften der monarchistischen Propaganda heftig diskutiert, versuchten Volksredner auf sich aufmerksam zu machen. Sie steigerten durch ihre aufrührerischen Reden Furcht und Schrecken. Der junge Advokat Camille Desmoulins warnte vor einer drohenden militärischen Überwältigung und forderte das Volk zur Bewaffnung auf. Das war die Stimmung, in der es zum Ausbruch spontaner Gewalt kam. 40 von insgesamt 45 Zollhäusern wurden niedergerissen, Klöster geplündert; man suchte nach Getreide und nach Waffen.

Man suchte sie in der Abtei von Saint-Lazare, bei Waffenschmieden und in der Bastille. Am 14. Juli belagerten etwa 8000 bewaffnete Pariser Bürger die Festung, deren Gouverneur, Marquis de Launay, nach langen Verhandlungen auf die Menge schießen ließ. Es gab 98 Tote und 73 Verwundete unter den Belagerern; aus Rache lynchte die aufgebrachte Menge nach der Eroberung der Festung sieben Garnisonsleute und den Kommandanten. Wer waren die «Sieger der Bastille», die später in eine Ehrenliste aufgenommen wurden? Von den 662 Akteuren stammte eine Handvoll aus der Bourgeoisie, die große Mehrheit gehörte zum *menu peuple*, zu den kleinen Leuten: Händler, Handwerker, Gesellen und Lohnarbeiter aus mehr als 30 unterschiedlichen Handwerksberufen, meist Schreiner, Tischler, Schmiede, Schneider, Maurer und Weinhändler.

Der Sturm auf die Bastille hatte verschiedene politischen Folgen: Zunächst rettete er die Nationalversammlung und legitimierte den Machtwechsel. Die Pariser Wahlmänner des Dritten Standes, die die Deputierten der Generalstände gewählt und gerade mit der Aufstellung einer Bürgermiliz begonnen hatten, um den Ausbruch von Gewalt zu kanalisieren, bildete eine provisorische Stadtregierung im Pariser Rathaus unter dem Astronomen Bailly und dem militärischen Kommando von Lafayette, dem französischen Helden aus dem Amerikanischen Unabhängigkeitskrieg. Am frühen Morgen des 17. Juli verließ der jüngste

Abb. 1: Das Symbol des Despotismus und der Freiheit.
Die Eroberung der Bastille am 14. Juli 1789

Bruder des Königs, der Graf von Artois, das Land als Reaktion auf den Machtverfall der Monarchie und als prominenter Name in der ersten Welle der Emigration. Der König fügte sich scheinbar den neuen Machtverhältnissen, als er die Nationalversammlung nun förmlich anerkannte und sie um Unterstützung bei der Wiederherstellung der Ordnung bat. Er berief Necker zurück ins Ministerium. Dann besuchte er am 17. Juli die aufständische Hauptstadt, um auch die Volkserhebung zu sanktionieren. Die bürgerliche politische Revolution war durch die kollektive Aktion der städtischen Bevölkerung in ein Dilemma geraten. Sollten die bürgerlichen Revolutionäre, die sich allesamt als Anhänger der Aufklärung verstanden, die Ausbrüche wilder Gewalt als verständliche Racheakte unaufgeklärter Schichten hinnehmen, die ihrerseits auf die grausamen Strafrituale der absolutistischen Herrschaft reagierten? Oder sollte man sich von ihnen als Rückfall in irrationale und barbarische Exzesse distanzieren, oder sie zwar als abstoßend empfinden, sie aber gleichwohl rechtfertigen? Auf jeden Fall stand seither die Gewaltproblematik auf der politischen Tagesordnung.

Die Hoffnung einiger Publizisten, es handele sich um einmalige Vorfälle, erfüllten sich allerdings nicht. Die Erstürmung der Bastille war nur der spektakulärste Fall in einer Serie lokaler Machteroberungen durch spontane Volkserhebungen im ganzen Land. Der Zusammenbruch der königlichen Macht wurde überall in Provinzstädten wie in kleinen Gemeinden von revolutionären Versammlungen und Erhebungen, von der Bildung politischer Klubs und Bürgermilizen, von öffentlichen Diskussionen und gewaltsamen Exzessen begleitet oder vorangetrieben. Überall folgten auf die revolutionäre Machteroberung im lokalen Raum allgemeine Steuer- und Abgabeverweigerungen wie symbolische und physische Akte der Zerstörung und von militärischer Gehorsamsverweigerung bzw. Fraternisierung mit den Zivilisten. Zugleich waren das die Anfänge einer Mobilisierung und Politisierung der Provinz.

3.3. Die Grande Peur
oder die antifeudale Revolution der Bauern

Parallel zur Munizipalrevolution kam es zu einer ungleich spektakuläreren Konsequenz der Vorgänge in Versailles und Paris im Juni/Juli 1789, zu Aufständen der Bauern, zum Sturm auf die Schlösser, zu kollektiven Angstpsychosen. Seit Dezember 1788 hatten Bauern in der Provence, im Franche-Comté, aber auch im Norden und im Pariser Becken sich geweigert, Steuern zu zahlen, Abgaben an die Grundherren zu leisten. Auf die Nachrichten über die neuen Gesetze der Nationalversammlung, aber auch über die ernste Bedrängnis, in die sie durch den Hof und das Militär geraten seien, über die revolutionären Vorgänge in Paris steigerten sich Erregung und Widerstand. Die Hoffnungen auf bessere Zeiten und die Furcht vor der Rache des Adels trieben die Bauern um, und das noch mitten in der Erntezeit. Waren die Banden von Bettlern, die durch die Felder zogen, nicht die Agenten der Grundherren, die die Ernte und damit die bäuerliche Existenz und ihre Hoffnungen auf die Revolution zerstören wollten? Die Furcht vor solchen Briganten verbreitete sich wellenförmig von Dorf zu Dorf fast über das ganze Land (mit Ausnahme der Bretagne und des Ostens), führte zu Panikreaktionen, zur Bewaffnung von Bauernheeren mit Sensen und Piken, die nun auf die Grundherren und ihr feudales Herrschaftssystem gerichtet wurden. Es kam zu Plünderungen, Forderungen nach Rückgabe der gemeindlichen Mühle, vor allem aber zu Zerstörungen der Feudalarchive. Dieser außerordentliche, urtümliche Ausbruch kollektiver Ängste und Gewaltreaktionen wurde als *Grande Peur* (Die große Furcht) bekannt, und sicherlich standen diese Aufstände in der langen Tradition von Bauernrevolten, und sie hatten ihre eigene Logik; aber ihr Ausbruch wie ihre Folgen gehörten in einen engen Zusammenhang mit der Revolution: Die Bauern übernahmen die politische Sprache der Bürger, und ihre Aktion trieb die politische Entwicklung in Versailles und Paris voran. Überdies sollten sich die Aufstände des Sommers 1789 als bäuerliche Revolution mit einer eigenen antikapitalistischen und protektionistischen Zielsetzung fortsetzen. Damit unterschieden sich die sozial-ökonomischen Vorstellungen der bäuerlichen Revolution zwar deutlich von den besitzindividualistischen Konzepten der bürgerlichen Revolution. Aber als revolutionäre Bewegung gegen die bestehende Ordnung war sie zugleich mit den revolutionären Ereignissen auf der Pariser politischen Bühne eng verbunden und konnte sich als revolutionsfördernde, aber auch als gegenrevolutionäre Aktion konkretisieren und damit Teil des Gesamtphänomens Revolution werden.

Die Nachrichten von den brennenden Schlössern auf dem Lande haben die Abgeordneten der Nationalversammlung beunruhigt, standen doch teilweise ihre eigenen Interessen als Grundbesitzer, aber auch die bürgerliche Eigentumsverfassung insgesamt auf dem Spiel, über deren Grundlegung gerade beraten wurde. Mit der Nachtsitzung vom 4. auf den 5. August, die zuvor im bretonischen Klub vorberaten worden war, reagierten die Abgeordneten ausgesprochen schnell, auch um ihre Handlungsfähigkeit unter Beweis zu stellen. In einer eigentümlichen Atmosphäre der Panik, des Selbstverzichts und der großen Gebärde gaben die liberalen Wortführer der beiden oberen Stände in einem symbolischen Akt des patriotischen Opfers ihre Privilegien auf und verzichteten auf die feudalen Abgaben. Der großen Geste der Reden entsprach die vollmundige Erklärung am Ende des Opferrituals. «Die Nationalversammlung beseitigt die Feudalordnung voll und ganz», lautete der erste Artikel der Erklärung, die landesweit große Zustimmung fand. Weniger pathetisch und erinnerungswürdig klangen die folgenden Bestimmungen der Erklärung, die die ganze Vielfalt der Privilegien und feudalen Abgaben spiegelten. Man verzichtete auf die Taubenschläge und Kaninchengehege, auf das Jagdrecht und die Frondienste, auf den Kirchenbann, die Patrimonialgerichtsbarkeit und die Ämterkäuflichkeit sowie auf alle Sonderrechte von Provinzen und Städten. Die Ausführungsbestimmungen der folgenden Tage schränkten vieles von dem deklamatorischen Entwurf wieder ein und ließen die sozialen Interessen und die Strukturen einer besitzindividualistisch-agrarkapitalistischen Ordnung im Sinne derer, die zu einer marktorientierten Agrarwirtschaft fähig waren, deutlich erkennen. Denn der allgemeine Grundsatzbeschluß zur Abschaffung der Feudalordnung wurde bald dadurch eingeschränkt, daß nur die persönlichen Privilegien ersatzlos abgeschafft wurden, nicht aber die sächlichen, mit dem Boden verbundenen Abgabenrechte, die ein wichtiges Element in einer grundherrlichen Eigentumsverfassung waren. Sie wurden zu unverletzlichem Eigentum im bürgerlich-rechtlichen Sinne erklärt und mußten darum durch die Leistung von Entschädigungen abgelöst werden.

3.4. Die Verschränkung der drei Revolutionen

Der Abgesang auf das alte Frankreich der Privilegien und Stände fand seinen Abschluß in der Begründung der neuen individuellen Freiheiten durch die Menschen- und Bürgerrechte, deren Beratung in der Nationalversammlung im August unter dem Eindruck der *Grande Peur* zwar unterbrochen, aber bald darauf am 26. August abgeschlossen wurde. Man hatte sich in dem zuständigen Ausschuß bzw. im Plenum schließlich auf einen Textkompromiß geeinigt, der gleichwohl zu einem bedeutenden Zeugnis der Neuordnung wurde und den gelungenen Versuch darstellte, abstrakte Prinzipien der Aufklärung in die Form eines präzisen und einprägsam formulierten Gesetzestextes zu gießen. Alle wichtigen Grundsätze der europäischen Verfassungstradition des 19. und 20. Jahrhunderts wurden dabei entwickelt: die Souveränität der Nation, die Freiheitsrechte des Individuums, die Rechtsgleichheit, das Recht auf freies Eigentum, die Repräsentativverfassung. Der Text wurde zu einem Gründungsdokument des europäischen Liberalismus in seiner ganzen Ambiguität. Er betonte den Schutz des Bürgers vor Willkür, er sagte aber wenig aus über Eigentumslose, Sklaven und Frauen.

Beide «Grundgesetze» vom August 1789, die Dekrete über die Abschaffung der Feudalität wie die Erklärung der Menschen- und Bürgerrechte, stießen auf den Widerstand des Königs, der aus seiner nachträglichen Anerkennung der Nationalversammlung nicht deren Recht auf Formulierung einer neuen Herrschafts- und Verfassungsordnung abgeleitet wissen wollte. Vor dem Hintergrund der Lebensmittelkrise, die im Herbst noch immer herrschte und zu neuen sozialen Unruhen in den Städten führte, schien der politische Sieg vom Sommer 1789 wieder in Frage gestellt. Ein zweites Mal wirkte der soziale Protest der kleinen Leute als Unterstützung und Stärkung der Revolution.

Dieses Mal waren es vor allem die Frauen der Pariser Märkte, deren Empörung über das teure Brot sie zu einem Protestmarsch nach Versailles führte, wo sie – mit einigem Abstand – gefolgt von der Nationalgarde in die Nationalversammlung eindrangen und eine Abordnung zum König schickten, der sich daraufhin eines Besseren besann und die umstrittenen Dekrete sanktionierte. Die Pariser Marktfrauen wollten jedoch mehr und zwangen den König, mit seiner Familie nach Paris zu kommen. Äußerlich war der Triumphzug der siegreichen Frauen nach Paris wieder ein symbolischer Akt, der auf dem uralten Glauben ruhte, demzufolge die magischen Kräfte des Königs das tägliche Brot zu sichern vermochten. «Wir haben den Bäcker, die Bäckerin und den Bäckerjungen», riefen die Frauen. Tatsächlich bedeutete der erzwungene Zug des Königs nach Paris

eine weitere Entmachtung der Monarchie, die nun in der Hand
der städtischen Massen war. Mit dem Umzug der Nationalversammlung nach Paris am 12. Oktober befestigte diese erneut
ihre Macht, sie erkannte aber auch an, daß sie ihren Erfolg
wiederum der bewaffneten Intervention des Volkes verdankte.
Die zweite Welle der städtischen Volksrevolution hatte fast noch
einschneidendere Wirkungen als die erste am 14. Juli. Denn die
Gewichte zwischen den Hauptakteuren der Revolution hatten
sich deutlich verschoben. Die drei revolutionären Zentren in
Versailles, der Hauptstadt Paris und auf dem Land hatten sich
«teleskopartig»(Furet) ineinander geschoben und die Revolution weiter vorangetrieben. Nun war die verfassunggebende
Nationalversammlung unter den Druck der städtischen Massen geraten, die hinfort die weitere Entwicklung argwöhnisch
und mit immer neuen Pressionen begleiteten. Symptome für
die gespannte Situation waren die Proklamation der *Loi mar-
tiale*, eines Ausnahmerechts, am 21. Oktober und die Einrichtung eines Sondergerichts (*Comité de recherches*), das die Straf-
taten des 5. und 6. Oktober verfolgen sollte. Es war Ziel der Gesetze, die Anhänger des Ancien Régime zu verfolgen. Es konnte
zugleich aber zum Einfalltor einer Sondergerichtsbarkeit werden, um dem Strafbedürfnis der Massen entsprechen zu können.

4. Die Rekonstruktion Frankreichs 1789–1791

Mit der Erklärung der Menschen- und Bürgerrechte waren die
nächsten Aufgaben der Nationalversammlung vorgezeichnet,
nämlich als Konstituante die rechtlichen und institutionellen Bedingungen für die Neuordnung Frankreichs zu schaffen. Mit
einer außergewöhnlichen Energie machten sich die Abgeordneten daran, in knapp zwei Jahren beinahe alle Bereiche des
öffentlichen Lebens mit Gesetzen und Institutionen neu zu organisieren. Die parlamentarische Arbeit wurde von 31 Komitees
geleistet, in die sich die Nationalversammlung aufgeteilt hatte.

Sie fand eine breite öffentliche Unterstützung durch den politischen Diskurs, der in Zeitungen und politischen Klubs geführt wurde. Auf der Rednertribüne der Nationalversammlung und in den Komitees dominierte bald eine Gruppe von knapp hundert Abgeordneten, die die künftige politische Führungsgruppe bilden sollte. Zu der verbreiteten Aufbruchsstimmung besonders des Jahres 1790 kam unterstützend eine Entspannung bei der Lebensmittelversorgung, da die Ernten der Jahre 1789 und 1790 gut ausfielen und die Stimmung im Volk verbesserten.

4.1. Nation und Verfassung

Das gewaltige Gesetzgebungsprogramm, das sich die Nationalversammlung aufgegeben hatte, basierte auf der Grundüberzeugung einer gemeinsamen nationalen Identität – der französischen Identität unabhängig von der sozialen und regionalen Herkunft. Es schien, als sollten in allen Bereichen des öffentlichen Lebens von der Verwaltung bis zur Armee und zur Kirche die Traditionen der korporativen Rechte und Hierarchien den neuen sozialen Deutungs- und Organisationsmustern der bürgerlichen Gleichheit, Verantwortlichkeit und Wählbarkeit bzw. allgemeinen Zugänglichkeit weichen. Waren Verwaltung und alltägliches Leben im Ancien Régime von einer außergewöhnlichen regionalen Vielfalt unter der Kontrolle königlicher Beamter bestimmt, so wurden nun auf allen Ebenen die Amtsträger gewählt, die Institutionen landesweit einander angeglichen. Sinnfälliger Ausdruck dieser Reorganisation war bereits im Februar 1790 die Einrichtung der 83 Departements, die an die Stelle der vielen, ungleich strukturierten Provinzen traten. Grundgedanke der damit verbundenen Verkleinerung der administrativen Einheiten in Kantone, Distrikte und Departements war die Erreichbarkeit der Zentralen für den Bürger, der nicht mehr als einen Tagesritt benötigen sollte, um zu seiner Verwaltung und seinem Wahlort zu gelangen. Auf der lokalen Ebene wurden auf der Grundlage der bisherigen Pfarrbezirke 41 000 weltliche Kommunen als Basis der Selbstverwaltung geschaffen. Das Werk der nationalen Vereinheitlichung wurde

von oben zusätzlich durch die Schaffung einer Nationalsprache
gefördert, die aus Provenzalen und Bretonen Franzosen machen
sollte. Denn bislang, so das ernüchternde Ergebnis einer Unter-
suchung durch den Abbé Grégoire, sprach man nur in 15 Departements wirklich Französisch.

Schließlich dienten auch Menschenrechtserklärung und Verfassung dem Ziel der nationalen Homogenisierung. Eingelöst
wurden die Versprechen der Menschenrechte, indem beispielsweise Ende 1789 den Protestanten, im Januar 1790 den sephar-
dischen Juden in Bordeaux und Avignon, später auch jenen im
Elsaß die volle Staatsbürgerschaft verliehen wurde. Zögerlich
bis abweisend verhielt man sich jedoch gegenüber den Farbigen
in den Kolonien. Tief in das Alltagsleben reichte die Vereinheitlichung von Maßen und Gewichten, die auf das Dezimalsystem
umgestellt wurden.

Vereinheitlicht wurde überdies das Gerichtswesen, dessen
Strukturen und Verfahren den Grundsätzen der Rechtsgleichheit und der Humanität folgen sollten. Die Skala der Kapital-
vergehen wurde reduziert, und diejenigen, deren Vergehen dennoch mit der Todesstrafe geahndet werden sollten, wurden fort-
an mit der vermeintlich humaneren Hinrichtungsmaschine des
Dr. Joseph Guillotin, dem Vorsitzenden des Gesundheitsaus-
schusses, enthauptet. Neuregelungsbedarf bestand schließlich
im Bereich der Finanzgesetzgebung und -verwaltung. Schließlich mußte die Revolution auch bei den Staatsschulden mit dem
Erbe der Monarchie umgehen. Um den endgültigen Bankrott zu
vermeiden, wurden die Kirchengüter im Dezember 1789 zum
Eigentum der Nation erklärt. Mit ihrer Versteigerung sollte das
neu geschaffene Papiergeld, die Assignaten, eine Deckung erhalten. Diese Maßnahmen griffen freilich tief in das kirchlich-reli-
giöse Leben und in kulturelle Traditionen ein: Nachdem die Kirche dadurch mittellos geworden war, mußten die Pfarrer vom
Staat besoldet werden, was sie wiederum an den Staat und seine
Verfassung band. Die Zivilkonstitution des Klerus, mit dem
die Kirche und ihre Pfarrer die politischen Veränderungen einschließlich der Priesterwahl eidlich anerkennen mußten, wurde
zum entscheidenden Konfliktpunkt für einen Kulturkampf, in

dem das Bündnis zwischen Revolution und Kirche zerbrechen sollte und das Land sich unter dem Eindruck der Bekenntnis- und Loyalitätszwänge, in welche die Priester bei der eingeforderten Eidleistung gerieten, in zwei Lager spaltete.

Eckpunkt aller Neuordnungen und bald auch Konfliktpunkt für politische Kontroversen war die Verfassung, die sich das neue Frankreich geben wollte und mit der das Prinzip der Volkssouveränität institutionell umgesetzt werden sollte. Politische Streitpunkte zwischen König und Parlament waren die Organisation der politischen Willensbildung durch die künftige Legislative und das Verhältnis zum König. Nachdem schließlich das Einkammersystem durchgesetzt wurde, mußte ein Kompromiß mit dem König über dessen Vetorecht gefunden werden, das schließlich darin bestand, daß der Einspruch des Monarchen für die Dauer von zwei Legislaturperioden wirksam sein konnte. Sehr viel einschneidender waren die weiteren Bestimmungen über die Exekutive; regelten diese doch die Machtbefugnisse des Königs völlig neu. Ludwig war seit dem 10. Oktober 1789 nicht mehr «Ludwig von Gottes Gnaden König von Frankreich und Navarra», sondern «Ludwig von Gnaden Gottes und der Staatsverfassung König von Frankreich und Navarra». Der König wurde zu einem Organ der Verfassung, Frankreich war nicht mehr sein Eigentum. Er war absetzbar, wenn er Hochverrat beging oder wenn er das Land ohne Erlaubnis der Nationalversammlung verließ. Die Minister wurden vom König gewählt, waren aber der Nationalversammlung verantwortlich. Ohne Gegenzeichnung durch die Minister konnte der König nicht entscheiden. Kein Zweifel, die Regierungsfähigkeit des Königs war bereits durch Geist und Buchstaben der Verfassung stark beschnitten, in der politischen Wirklichkeit tendierte die Stellung des Königs zur Machtlosigkeit.

Ausgeschlossen von den institutionell geregelten politischen Entscheidungsprozessen sollten nach langen heftigen Debatten die Frauen und die «Passivbürger» sein. Die Ausübung politischer Partizipationsrechte setzte nach Meinung der Mehrheit bestimmte Qualifikationen voraus: eine angemessene Erziehung und ein gesichertes materielles Auskommen. Man unterschied folglich zwischen «Aktivbürgern» und «Passivbürgern»; zu letzteren gehörten immerhin 40% der erwachsenen Männer, die weniger als drei Tageslöhne (2–3 Livres jährlich) an direkten Steuern zahlten. Nur die Aktivbürger konnten die Wahlmänner wählen, die wiederum Steuern im Wert von mindestens 10 Arbeitstagen (7–10 Livres jährlich) zahlten. Die Abgeordneten wiederum mußten eine Steuerleistung von mindestens 50 Livres nachweisen. Nach diesem Zensussystem galten 4,3 Millionen Bürger als Aktivbürger, nur 50 000 waren Wahlmänner. Das Zensuswahlrecht wurde Ende Dezember 1789 mit einer knappen Mehrheit von 453 gegen 443 Stimmen beschlossen und bot Stoff für die politische Agitation, vor allem auch für die Mobilisierung der Volksbewegung. Denn es zeichnete sich eine Gesellschaftsordnung ab, die in einen Widerspruch zu den normativen Ansprüchen der Revolution zu geraten drohte. Die Ambiguität der Begriffe in der Erklärung der Menschenrechte löste sich damit auf: Bald tauchte der Begriff *Bourgeoisie* als Synonym für die Klasse der Reichen auf, während *Citoyen* den Staatsbürger bezeichnete.

Nicht weniger konstitutiv für die neue Gesellschaft, wie sie den Revolutionären vorschwebte, waren einschneidende rechtliche und gesellschaftspolitische Entscheidungen. Einerseits wurde im Juni 1790 der Erbadel abgeschafft, Adelstitel durften künftig nicht mehr geführt werden. Die Folge war eine heftige Empörung bei den Betroffenen, vor allem unter den adligen Offizieren. Zugleich stand die Umsetzung der Dekrete vom August 1789 bezüglich der Abschaffung der Feudalität an und zeigte bei der konkreten Gesetzgebung und der Implementierung in die sozial-ökonomische Wirklichkeit der Grundherrschaft die Tücken einer umfassenden Reform. Hatten die Bauern die pathetische Eingangsformel der Dekrete ernst genommen, so mußten sie bald feststellen, wie schwierig es war, die Rechtmäßigkeit der Abgaben zu überprüfen und zu widerlegen, wo die Grundherren allein aus dem Gewohnheitsrecht ihre Forderungen nach Ablösung ableiteten. Schließlich wurde am 3. Mai 1790 festgelegt, daß die verschiedenen Feudalleistungen wie die Frondienste (*corvées*), Bannrechte (*banalités*) und andere Feudalgefälle durch Geldzahlungen in Höhe von zwanzig Jahresleistungen abgelöst werden konnten. Die Desillusionierung der Bauern über diese Gesetzgebung brach sich im Frühjahr 1790 in einer neuen Phase der Bauernrevolte Bahn. Einerseits nutzten bäuerliche Gemeinden das neue Recht zu Gegenmaßnahmen, indem sie den Grundherren zum juristischen Nachweis der Rechtmäßigkeit ihrer Forderungen zwangen. Begleitet wurde diese Aktion andererseits oft von illegalen Formen der Verweigerung, indem man die Zahlungen nicht leistete und den Protest durch neuerlichen Sturm auf Schlösser physisch oder durch spontane Feiern rund um Freiheitsbäume symbolisch zum Ausdruck brachte. Mit dem Freiheitsbaum war zugleich ein neues Symbol der Revolution geboren, indem die traditionelle Verwendung des Maibaums als Ausdruck der natürlichen Erneuerungskraft des Frühlings zum Zeichen der sozialen und politischen Erneuerung umgedeutet wurde. Die Dialektik von Zerstörung und Neuordnung, die das Werk der «Regeneration» durch die Revolution insgesamt charakterisierte, bestimmte das symbolische Handeln der protestierenden Bauern; denn die Errichtung der Freiheitsbäume war verbunden mit der Demontage von Wetterfahnen auf den Kirchtürmen und der Zerstörung von Kirchenbänken als sichtbaren Zeichen einer ständisch-feudalen Hierarchie.

Dem Ideal einer bürgerlich-individualistischen Gesellschaft entsprang eine andere Entscheidung, die auch die Befreiung von der korporativen Tradition signalisieren sollte, zugleich aber neue Formen der Unterordnung ankündigte. Am 2. März 1791 wurden die Korporationen, Zünfte und Innungen abgeschafft, auf Antrag des Abgeordneten Le Chapelier wurde schließlich am 14. Juni 1791 das Verbot von Arbeitervereinigungen und damit von Streiks erlassen. Gesellen und Arbeiter waren zwar den Meistern und Unternehmern rechtlich gleichgestellt, in der sozialen Wirklichkeit konnten sie freilich leicht Opfer des Konkurrenzkampfes werden, da ihnen damit vertraute und auch neue Formen der organisierten Solidarität für viele Jahrzehnte genommen wurden.

4.2. Parlament und Klubs, König und Volk: die Verteilung der Macht

Für die Mehrheit der Abgeordneten war die Verfassung, die schließlich im Herbst 1791 verkündet wurde, Ausdruck eines Kompromisses und Ansatzpunkt für die Hoffnung, damit die Revolution beenden zu können. Für den König war die Verfassung innenpolitisches Mittel, um die Revolution zu stoppen und die Ordnung in seinem Sinne wiederherzustellen. Für die demokratische Opposition in der Konstituante war das Ergebnis des Verfassungskompromisses alles andere als befriedigend. Sie kritisierte heftig die Erblichkeit der Monarchie, die Fortexistenz des Hofes und das Wahlrecht. Damit war vorhersehbar, daß die Verfassung kaum ihre Aufgabe der inneren Stabilisierung erfüllen würde, zumal die inneren Gegensätze im Parlament sich mittlerweile verfestigt, die städtische Volksbewegung sich politisiert und radikalisiert hatte.

Seit den Beratungen zur Verfassung im Herbst 1789 hatten sich innerhalb der Nationalversammlung politische Gruppierungen herausgebildet und damit unterschiedliche politische Positionen manifestiert. Bald formierten sich, auch als Reflex der Gesetzgebungsarbeit und der damit verbundenen gesellschaftspolitischen Entscheidungen, politische Klubs. Die Aktivisten der städtischen Volksrevolution brachten damit auch ihre Unzufriedenheit mit der nach ihrer Meinung diskriminierenden Wahlrechtsentscheidung zum Ausdruck und grenzten sich in ihrer sozialen Öffnung wie in ihrer egalitären Zielsetzung von diesen Klubs ab, vor allem von den *Amis de la Constitution* (Freunden der Verfassung), die sich im verlassenen Kloster der Jakobiner trafen und zunächst alle Patrioten ansprechen und versammeln wollten. Hinter der Vision der nationalen Einmütigkeit verbargen sich die Zerklüftungen der politisch-sozialen Landschaft.

In der Nationalversammlung sammelten sich noch in der Sitzungsphase in Versailles, obwohl man grundsätzlich Fraktionsbildungen als Gefährdung des individualistischen Ideals verabscheute, auf der rechten Seite des Saales Konservative um den

Abbé Jean Maury und um Jacques de Cazalès, die die *Aristocrates* (Aristokraten) oder die *Noirs* (die Schwarzen) genannt wurden und sich seit den Dekreten vom August 1789 als entschiedene Gegner der Revolution zu erkennen gaben. Auf der linken Seite versammelten sich die Patrioten, die sich bald als *Constitutionnels* (Konstitutionalisten) bezeichneten, um ihr Engagement für eine demokratische Verfassung zu verdeutlichen. Zu ihren Wortführern gehörten Sieyès, Mirabeau und Bailly, aber auch Barnave, Duport und Alexandre Lameth, die sich als sog. Triumvirat noch um eine Verbindung zum König bemühten. Dazwischen gab es eine Gruppe, die vor allem bei der Diskussion um Verfassungsfragen eigene Positionen entwickelte und beispielsweise für ein parlamentarisches Zweikammersystem nach dem Vorbild der englischen Monarchie eintrat. Zu diesen *Monarchiens* gehörten die Abgeordneten Malouet und Mounier.

Obwohl die Nationalversammlung das politische Zentrum bildete, gab es noch die Regierung, bestehend aus König und Ministern als die formale Exekutive. Zunehmend versuchten Abgeordnete wie Lafayette auf den Regierungsapparat informellen Einfluß zu gewinnen und Minister ihrer Wahl zu lancieren. Historiker haben darum die Zeit zwischen Oktober 1789 und 1790 als das Jahr von Lafayette bezeichnet, der seine Stellung als Chef der Pariser Nationalgarde wie die Heroenlegende, die sich seit dem amerikanischen Unabhängigkeitskrieg um ihn rankte, dazu nutzte, sich als Vermittler zwischen Nationalversammlung und König zu präsentieren, um diesen dadurch zu beherrschen.

Beim Fest der nationalen Versöhnung, dem Föderationsfest auf dem Marsfeld am 14. Juli 1790, war er es, der als erster am Altar des Vaterlandes den Eid auf die Nation ablegte. Doch fehlten ihm politische Erfahrung und das entsprechende taktische Geschick, um seine außergewöhnliche Stellung politisch zu nutzen. In dem Maße, in dem er die militärische und öffentliche Ordnung gegen Protestbewegungen zu wahren suchte, verlor er bei den Massen an Popularität. Seine politischen Defizite hatte sein Rivale Mirabeau, der nicht nur ein großer Redner, sondern auch ein befähigter Taktiker war, sehr bald erkannt und seinerseits Einfluß beim König gesucht und gefunden. Ob er freilich

Abb. 2: Das Fest der Einheit und der nationalen Versöhnung.
Der Eid von Lafayette beim Fest der Föderation, 14. Juli 1790

bei seinem Versuch, durch Kompromisse die Monarchie zu retten, sich selbst und seine Handlungsmöglichkeiten nicht doch überschätzte, bleibt ungeklärt, denn bald erkrankte er und starb im April 1791. Danach fehlte es der Revolution an einer Führungsfigur, die über Integrationskraft und Charisma verfügte, um die politische Ordnung zu stabilisieren – mithin auch, die Monarchie durch Anpassung zu retten. Letzteres aber mußte bereits an der Person des Königs scheitern, der seine Rolle als König in einem parlamentarischen Verfassungssystem nicht annehmen wollte und konnte – und wenn er es doch tat, dann halbherzig und meistens zu spät. Als er sich im Oktober 1790 seines Machtverlustes endgültig bewußt wurde, hatte die Politik des Ausgleichs keine Chancen mehr, denn Ludwig XVI. stellte sich innerlich ganz auf die Seite der Gegenrevolution und täuschte sein Bemühen um Verständigung nur vor.

Zur neuen politischen Verfassungsordnung und Praxis gehörten auch die Akte der Meinungs- und Willensbildung des Souveräns. Während die Beteiligung an den Wahlen, die nach dem Willen des Gesetzgebers zu einem wichtigen Recht, aber auch zu einer permanenten Verpflichtung wurden, sehr zu wünschen übrig ließ, entfalteten die politischen Klubs eine immer größere Bedeutung. Sie standen in der Tradition aufgeklärter Sozietäten, in denen sich Gebildete trafen, um jenseits ständischer Schranken über Reformen zu diskutieren, um Informationen und Meinungen auszutauschen, schließlich aber auch politische Debatten in der Nationalversammlung vor- und nachzubereiten. Eine wesentliche Funktion erfüllte die im Januar 1790 gegründete «Gesellschaft der Freunde der Verfassung», die bald als Jakobinerklub bekannt wurde, durch das Netzwerk, das der Pariser Klub mit seinen Tochterklubs in der Provinz durch ein dichtes Korrespondenzsystem und Zeitungen entwickelte. Mit der Fraktionsbildung und Radikalisierung der Revolution differenzierten sich auch die politischen Klubs durch Abspaltungen und Neugründungen aus. Als sich durch die Gesetzgebung der Konstituante eine politische Elite aus dem Dritten Stand heraus entwickelte und mit dem Wahlrecht, aber auch durch den relativ hohen Mitgliedsbeitrag im Jakobinerklub soziale Barrieren errichtete, bildeten sich mit dem Klub der *Cordeliers*, die sich im Franziskanerkloster trafen, Volksgesellschaften heraus, die durch niedrige Mitgliedsbeiträge allen offen standen und auch Frauen aufnahmen. Hier fanden volksnahe Journalisten wie Camille Desmoulins, Jean-Paul Marat und Georges Danton ihre Bühne, indem sie sich als Sprecher des Volkes inszenierten und den Haß auf die Kirche und die Reichen predigten. Bald

bildeten sich nach dem Vorbild der Cordeliers in anderen Stadtteilen von Paris ähnliche «Volksgesellschaften», die zu einem
wichtigen Motor der Politisierung der Volksbewegung wurden.
Mißtrauen gegen Aristokraten und den König sowie der Ver-
dacht gegen alle Feinde des Volkes und der Revolution bestimmte ihre politische Mentalität. Wiederholt erregte die Rolle
des Ordnungsstifters, die Lafayette sich und der Nationalgarde
zugeschrieben hatte, die Empörung der Volksgesellschaften;
bald kamen Gerüchte über eine Entführung oder Flucht des Königs dazu. Die Auseinandersetzungen um die Natur der Revolution, um die Erwartungen und Ängste, die sie auslöste, um
die Grenzen, die sie finden sollte, spaltete Frankreich nach dem
«glücklichen Jahr» (Furet) 1790 immer tiefer in Revolutions-
gegner und Revolutionsfreunde, in Eidverweigerer und Anhänger der Revolution. Im Rhythmus der Zwistigkeiten, die die
Sitzungen und Entscheidungen der Konstituante prägten, sowie der Konflikte, die zunehmend die Departements spalteten,
wuchsen die Antipathien in den revolutionären Teilen des Dritten Standes gegen Klerus und Adel; es mehrten sich in den
Klubs die Warnungen, wachsam zu sein, denn es drohe ein ari-
stokratisches Komplott. Die Drohungen der Emigranten, die
jenseits der Grenzen des Landes zum Widerstand aufriefen, verschärften die Spannungen; in den politischen Zeitungen der Revolution wie der Gegenrevolution entwickelte sich eine Freund-
Feind-Stimmung und eine Polarisierung, die ihren Niederschlag
in extrem konträren Bewertungen ein und desselben Vorgangs
fand.

Die Nachricht von der Flucht des Königs und seiner Familie,
am 20. Juni 1791, die in Varennes durch die Aufmerksamkeit
eines Postmeisters ihr Ende fand, löste einen neuen Radikalisie-
rungsschub aus. Der König hatte in seinem Manifest, das er vor
seiner Flucht hinterlassen hatte, die Gründe für sein Handeln
aufgezählt: sein politischer Machtverlust, sein schwindender
Einfluß auf Regierung und Armee sowie die allgemeine Unord-
nung, die von der revolutionären Publizistik und den radikalen
Klubs verursacht worden sei. Die Rückführung des Königs unter der Kontrolle der Nationalgarde war eine Demütigung für

Abb. 3: Die Unvereinbarkeit von Revolution und Monarchie.
Die Verhaftung des Königs und seiner Familie in Varennes, 21./22. Juni 1791

den Monarchen und der entscheidende Schritt zum endgültigen Autoritätsverlust. Die Nationalversammlung verhielt sich bemerkenswert entschlossen und politisch kühl. Auch wenn radikale Publizisten wie Marat nun das Ende der Monarchie und die Einführung einer Republik forderten, entschloß sich die Mehrheit nach einem leidenschaftlichen Plädoyer von Barnave, aus staatspolitischen wie aus außenpolitischen Gründen den König und die Monarchie zu stützen. Man benötige zur Sicherung der nationalen Einheit eine festbegründete Zentralgewalt, lautete das wichtigste Argument. Schließlich wolle man die Revolution beenden, so Barnave, und keine neue entfachen. Jeder Schritt weiter gefährde die innere Ordnung und das Eigentum. Außerdem fürchtete man eine militärische Intervention, die zunächst der Kaiser und dann auch Preußen mit der Deklaration von Pillnitz vom August 1791 angedroht hatten.

Darum behauptete man erst einmal, der König sei entführt worden. Dann wurde er vom Amt suspendiert, bis die Verfassung angenommen worden sei. Auch wollte man gegen ihn keinen Prozeß anstrengen, um die inneren Konflikte nicht noch weiter anzuheizen. Wie bedrohlich die Situation wirklich war, zeigte eine antimonarchische Kundgebung der Cordeliers am 14. Juli 1791, wieder auf dem Marsfeld. Die gewaltsame Auflösung einer weiteren Versammlung, bei der die Wahl einer neuen konstituierenden Nationalversammlung gefordert wurde, durch die Nationalgarde, bei der es vermutlich mehr als zwei Dutzend Tote gab, führte an den Rand des Bürgerkriegs; auf jeden Fall entstand damit ein tiefer Riß zwischen der Nationalversammlung und den Volksgesellschaften. Der Dritte Stand war endgültig gespalten und mit ihm der Jakobinerklub. Die überwältigende Mehrheit verließ den Klub und bildete in scharfem Gegensatz zu den Cordeliers im Kloster der *Feuillants* einen eigenen Klub, der auch den Namen des Versammlungsortes tragen sollte. Eine kleine Minderheit unter Führung von Robespierre behielt den alten Namen und damit auch das Netzwerk der Korrespondenzen und Tochterklubs in der Provinz, was sich als taktischer Vorteil erweisen sollte.

Noch glaubte die gemäßigte Mehrheit in der Nationalversammlung mit der Proklamation der neuen Verfassung, die nach den veränderten Machtverhältnissen auch der König am 14. September unterzeichnen mußte, die politischen Verhältnisse stabilisieren und die Revolution beenden zu können. Ein Fest zur Feier dieser ersten geschriebenen Verfassung sollte dieses Ziel symbolisch unterstreichen und eine politische Tradition von fast sakralen Formen begründen. Das «Buch der Verfassung» wurde zum heiligen Text und zusammen mit der Erklärung der Menschenrechte in Form von Gesetzestafeln visualisiert.

Eine politische Aktion am Rande, nämlich die rechtswidrige Eingliederung des päpstlichen Avignons in das französische Staatsgebiet im September 1791, kurz vor der Proklamation der Verfassung, kündigte künftige außenpolitische und kirchenpolitische Konflikte an und führte erstmals das Prinzip nationaler Selbstbestimmung als Begründung in die Außenpolitik ein. Auch der Begriff der Nation, der durch seine Verbindung mit dem Verfassungsgedanken und der Volkssouveränität in den Jahren von 1789 bis 1791 eine moderne Definition und Ausformung erhalten hatte, wurde dadurch um eine weitere Facette angereichert.

Nation – das war hinfort eine Form der politischen Gemein-
schaftsbildung von Menschen, die sich in einem gemeinsamen
Staatsgebiet zusammenschließen und sich zu einer gemeinsamen
Verfassung bekennen. Die Aktion von Avignon ließ aber auch
die expansive Seite dieser Ordnungsstiftung erahnen.

5. Die Zweite Revolution 1792

5.1. Das Scheitern der parlamentarischen Monarchie

In einer politisch äußerst angespannten Atmosphäre wurde die
neue Legislative gewählt und im Oktober 1791 in Paris zu-
sammengerufen. Sie war mit 745 Abgeordneten kleiner als die
Vorgängerversammlung. Bei den Wahlen durften Mitglieder der
Konstituante nicht mehr kandidieren, aber dennoch waren die
neuen Parlamentarier keine politischen Anfänger, sondern eine
politische Elite, die bereits auf lokaler und regionaler Ebene in
Wahlämtern politische Erfahrungen gesammelt hatten. Zudem
waren sie ausschließlich Anhänger der Revolution, so daß sich
die politischen Fronten in der Legislative verschoben hatten.
Die konservative Rechte der ersten Nationalversammlung war
nicht mehr vertreten, die Mitglieder der Feuillants bildeten, zunächst mit 264 Abgeordneten, die stärkste Gruppe und fanden
sich nun auf der rechten Seite des politischen Spektrums wieder. Zahlenmäßig sehr viel schwächer, aber durch die Rhetorik
ihrer führenden Repräsentanten sehr viel wirkungsvoller war
die Gruppe von «linken» Abgeordneten aus dem Jakobinerklub, unter ihnen Jacques-Pierre Brissot, Condorcet sowie Gua-
det und Vergniaud aus dem Departement Gironde. Dazwischen
gab es eine starke Mittelgruppe, die keinem Klub angehörte und
sich als unabhängig verstand. Sicherlich waren die neuen Abgeordneten kompromißloser und konnten auf die politischen Erfahrungen und Institutionen aufbauen, die ihre Vorgänger gemacht und geschaffen hatten. Als Folge des Wahlrechts kamen

sie aus der etablierten Bürgerschicht, viele von ihnen waren Journalisten, Advokaten und Kaufleute. Obwohl nur wenige von ihnen Anhänger einer Republik waren, hatten sie keine Kontakte zum Hof, um so mehr zu den politischen Klubs.

Im Vergleich zum Jakobinerklub war die Legislative sicherlich politisch gemäßigter und eigentlich ein Element politischer Stabilität. Aber die Abgeordneten versuchten, sicherlich auch unter dem Druck außerparlamentarischer Kräfte, den Vorrang der Nationalversammlung gegenüber der Monarchie politisch deutlich zu machen. Das kam auch im Protokoll zum Ausdruck. Bereits am 5. Oktober 1791 dekretierte die Versammlung, daß der König auf demselben Sessel wie der Sitzungspräsident der Versammlung und auf gleicher Höhe mit ihm zu plazieren sei. Die Anrede «Sire» und «Majesté» dürften nicht mehr verwendet werden, sondern nur die Formel «Roi des Français». Schließlich sei den Abgeordneten freigestellt, bei der Ansprache des Königs sitzen zu bleiben und ihre Kopfbedeckung zu tragen. Bevor der König die politische Macht verloren hatte, wurde er bereits symbolisch seiner Sonderstellung beraubt und für alle sichtbar als bloßes Organ der Verfassung und darüber hinaus mit größtem Mißtrauen behandelt.

Daß die Versammlung ihre stabilisierende Rolle nicht spielen konnte, lag sehr viel weniger an den Abgeordneten und ihrer vermeintlichen politischen Unerfahrenheit, sondern an dem politischen Umfeld. Die Legislative geriet zunehmend unter den politischen Druck der Volksbewegung und Volksgesellschaften; zum anderen führten neue politische Konflikte wie der Krieg oder die Person des Königs zu einer immer dynamischeren Bewegung. In der Pariser städtischen Selbstverwaltung, der *Commune*, hatten sich unter dem Eindruck des Massakers auf dem Marsfeld im Juli 1791 und der Flucht des Königs die politischen Gewichte zugunsten der Radikalen verschoben. Der gemäßigte Bürgermeister Bailly, der wegen seiner Rolle im Juli 1791 zunehmend angefeindet wurde, wurde bei den Neuwahlen Ende 1791 abgewählt und mußte dem Jakobiner Pétion weichen. Zugleich rückten Vertreter der Volksgesellschaften in kommunale Schlüsselämter auf. Die politischen Gegensätze zwischen Pariser Stadtregierung und Legislative brachen offen aus, wann immer es zu Volksunruhen kam. Die Pariser Commune entwickelte sich dabei zu einem eigenständigen Machtfaktor. Verstärkt wurden diese Ansätze zu einer Art Doppelherrschaft mit der politischen Radikalisierung in den Pariser Wahlbezirken (*sections*), die ihre Funktion als bloße Wahleinrichtungen weit ausdehnten, sich nicht nur mehr zu Wahlen, sondern unaufgefordert versammelten und dies mit dem Anspruch, in Permanenz tagen zu können. Denn mittlerweile hatten sie ein basisdemokratisches Konzept entwickelt, nach dem sie allein den Volkswillen verkörperten. Die Sektionsversammlungen, die einen regen Zulauf aus ihren Stadtteilen fanden, wurden zu wichtigen Verbündeten der Volksgesellschaften und entfalteten mit deren Hilfe eine rege politisch-propagandistische Tätigkeit. Auch linke Politiker der ehemaligen Konstituante, wie Robespierre, kehrten in die Politik zurück und nutzten die politischen Klubs als ihre Foren.

5.2. Krieg und Revolution.
Die Verschärfung der innen- und außenpolitischen Konflikte

Der zweite Faktor, der die Radikalisierung der Revolution beschleunigte und die Legislative zum Scheitern bringen sollte, waren die innen- und außenpolitischen Konflikte, die die Legislative teilweise von ihrer Vorgängerin geerbt, teilweise auch verschärft hatte. Bereits am Jahresende 1791 war nichts mehr von der Harmonie übriggeblieben, die man ein Jahr zuvor mit dem Fest der Föderierten und der nationalen Einheit am 14. Juli gefeiert hatte. Die Legislative hatte neben der ordentlichen Justiz ein *comité de surveillance* (Überwachungskomitee) mit großen Vollmachten eingesetzt. Die Denunziation war seither auf der Tagesordnung und wurde mit der Forderung nach revolutionärer Wachsamkeit begründet. Neben den wachsenden Spannungen, die aus dem Konflikt mit der Kirche und den Priestern resultierten und die bis hin zur Zwangsvereidigung und der Androhung einer Deportation eidverweigernder Priester führten, und neben den inneren Erschütterungen durch Kirchenkampf und Emigration sowie den Drohungen der Emigranten gegen die Revolution verschärften die außenpolitischen Spannungen und schließlich die Vorbereitungen zum Krieg mit den Mächten des europäischen Ancien Régime die innere Lage. Zwar zögerten Preußen und Österreich trotz des Drängens der Emigranten, einen Krieg gegen das revolutionäre Frankreich zu führen, aber allein ihre öffentlichen Ultimaten wie die Deklaration von Pillnitz reichten aus, um die innere Kriegsbereitschaft der Revolutionäre zu fördern. Jakobinische Abgeordnete um Brissot hatten allen pazifistischen Traditionen der Aufklärung zum Trotz begonnen den Krieg zu fordern, weil sie sich von ihm einmal die Schwächung oder Vernichtung der äußeren Gegenrevolution und damit eine Niederlage des französischen Königs erhofften. Sie waren sich nicht nur sicher, daß befreite Völker eine größere Motivation zum militärischen Kampf mitbrächten als die Söldnerheere des Absolutismus, sondern sie erwarteten von einem erfolgreichen Kreuzzug gegen den europäischen Despotismus auch eine Stärkung der Revolution. Dem Kreuzzug für die Freiheit, für den Brissot die Mehrheit der Legislative gewinnen konnte, schloß sich auch der König zum Schein an, obwohl ihm an einer Niederlage der Revolution gelegen war. Immerhin erklärte er sich bereit, seine Minister nun aus den Reihen der Abgeordneten zu berufen, die den Krieg zu führen bereit waren. Das war scheinbar ein politischer Erfolg für das parlamentarische System, auch wenn die neuen Regierungen, die auf diese Weise zustande kamen, angesichts der wachsenden inneren und äußeren Krisen jeweils nach kurzer Zeit demissionieren mußten. Am 14. Dezember 1791 sprach sich Ludwig XVI. in der Legislative für den Krieg aus, am 20. April erklärte er Österreich und damit auch dessen preußischem Verbündeten den Krieg. Der Eintritt in den Krieg und seine jahrelange Fortsetzung sollten den Charakter der Revolution und die inneren Machtverhältnisse noch einmal entscheidend verändern.

Der König wußte um den schlechten Zustand seiner Truppen, und tatsächlich endeten am 29. April 1792 die ersten Gefechte einer französischen Armee, die in Belgien auf österreichische Truppen stieß, mit einer von Auflösungserscheinungen begleiteten Niederlage, und in den folgenden Wochen liefen die ehemaligen königlichen Regimenter reihenweise zum Feind über. Den Sieg vor Augen drohte der Herzog von Braunschweig im Hauptquartier der Alliierten mit dem Einmarsch nach Frankreich, mit der Befreiung des Königs und einem Strafgericht gegen die hauptstädtische Bevölkerung, wenn sie den König in den Tuilerien bedrohen oder auch nur beleidigen würden. Der herausfordernde Ton des Ultimatums vom 25. Juli 1792, das jedes Gespür für die Möglichkeiten einer inneren politischen Mobilisierung als Reaktion auf eine Bedrohung von außen vermissen ließ, löste in Paris eine Welle militärischer und politischer Trotzreaktionen aus, die schließlich zum Aufstand gegen die Monarchie führten sollten.

5.3. Revolution und Gewalt

Der Krieg hatte gleich mehrere innere Auswirkungen. Zuerst verschärfte sich der Druck auf die eidverweigernden Priester, die zur Emigration gezwungen wurden, wenn mindestens zwanzig Zeugen sie denunzierten. Zwar verhinderte der König mit seinem Veto das Inkrafttreten des entsprechenden Gesetzes, doch in der Situation revolutionärer Erregung war jeder Sündenbock willkommen, den man für die Schwierigkeiten der Revolution verantwortlich machen konnte. Die Legislative konnte in dieser Situation landesweit Freiwillige rekrutieren und versuchte durch die Einbindung dieser patriotisch gestimmten Verbände in die bewährten Linientruppen die Front zu stabilisieren. Zugleich mobilisierte sie in einem Klima neuerlicher revolutionärer Erregung Aktivisten aus den Departements, die Föderierten, die zur Unterstützung der Hauptstadt und zum politischen Bekenntnis aus Anlaß des dritten Jahrestages des Bastillesturms nach Paris marschierten. Sie waren republikanisch eingestellt und kamen aus den königsfeindlichen Departements in Ost- und Südfrankreich. Das Marseiller Bataillon sang bei seinem Marsch nach Paris vom 2. bis 30. Juli die «Marseillaise». Die innenpolitischen Konsequenzen des Krieges und vor allem der drohenden Niederlage waren entscheidender als der militärische Verlauf selbst.

Denn der Krieg mobilisierte die städtische Volksrevolution, die zu zwei großen Massendemonstrationen am 20. Juni aufrufen konnte, welche sich drohend in Richtung Legislative und vor die Tuilerien bewegten, in die königlichen Gemächer eindrangen und dem König die rote Freiheitsmütze aufsetzten. Das war die sorgsam vorbereitete Reaktion auf die Entlassung «patriotischer» Minister aus dem Umkreis von Brissot und war das erste Auftreten der mittlerweile organisierten Volksbewegung, deren Aktivisten sich in deutlich anti-aristokratischem Ton nun *Sansculotten* nannten – dieser Begriff bezog sich auf die von der Aristokratie bevorzugten Kniehosen; die Sansculotten verzichteten demonstrativ auf dieses Kleidungsstück, kleideten sich «ohne Kniehosen». Durch die Präsenz der Föderierten in Paris hatten sie eine gewaltige Verstärkung erfahren. Am 11. Juli 1792 wurde die Legislative gezwungen, den militärischen Notstand auszurufen («La patrie est en danger» – das Vaterland ist in Gefahr), was binnen weniger Tage mehr als 15 000 Freiwillige dazu brachte, zu den Fahnen zu eilen. Die Nachricht vom Ultimatum des Herzogs von Braunschweig, die Anfang August in Paris bekannt wurde, war ein weiterer Anlaß, die Legislative zum Handeln zu zwingen. Bereits mehrmals hatten Robespierre im Namen der Föderierten, Pétion im Namen der Pariser Commune und 47 der 48 Sektionen die Absetzung Ludwigs XVI. gefordert, was die Nationalversammlung jedesmal abgelehnt hatte. Nun griffen die radikalen Revolutionäre zum Mittel der Gewalt. Seit dem 6. August wurde der Volksaufstand in den Sektionen und in den unruhigen Vorstädten vorbereitet, am 9. August läuteten die Sturmglocken zum Aufstand. Kommissare der Sektionen besetzten das Rathaus, bildeten eine *Commune insurrectionelle* (die aufständische Bürgerschaft), und der Bierbrauer Santerre riß den Oberbefehl über die Nationalgarde an sich. In den Morgenstunden des 10. August standen die Milizen vor den Tuilerien, als die Schweizer Garden, die zum Schutz des Königs positioniert waren, das Feuer auf die Aufständischen eröffneten und 400 von ihnen töteten. Daraufhin übten Föderierte und Sektionäre Rache und metzelten Hunderte von Soldaten nieder. Nun konnte der siegreiche Volksaufstand Parlament und König seinen Willen aufzwingen.

Die Legislative, in deren Mitte der König sich mit seiner Familie geflüchtet hatte, mußte die aufständische Commune anerkennen, die Amtsenthebung des Königs erklären und Neuwahlen nach allgemeinem Wahlrecht ausschreiben. Während der König unter die Aufsicht der Revolutionäre gestellt wurde, bildete sich die Regierung um, und ein provisorischer Vollzugsrat übernahm Exekutivfunktion.

Die 40 Tage bis zur Zusammenkunft des Nationalkonvents und der Begründung der Republik waren bestimmt von Krieg und von Mord- bzw. Greueltaten im Inneren. Die königliche Familie wurde im Temple festgehalten. Die Legislative hatte ihre Macht an den Generalrat der revolutionären Commune verloren. Er war aus den Sektionen von Paris gebildet und fungierte mit seinen 288 Mitgliedern wie ein Gegenparlament. Hier war die Tribüne für die Macht von Robespierre, Danton und Marat. Sie begründeten sie damit, daß sie allein den wahren Geist der Revolution verträten. Ein provisorischer Exekutivausschuß mit Danton, dem Justizminister, an der Spitze, wurde gebildet. Der Vormarsch der österreichisch-preußischen Koalitionstruppen auf das bedrohte Frankreich bestärkte sie in ihrer Furcht vor einem Zusammenwirken des inneren mit dem äußeren Feind und beflügelte die Rhetorik des Widerstandes, aber auch die Anstachelung zur Gewalt. Danton, Robespierre und Marat riefen zur Volksjustiz. «So muß», rief Danton aus, «alles, was die Nation schädigen könnte, aus ihrer Mitte ausgestoßen werden.»

In dieser kollektiven Psychose von Angst und Haß kam es zu den Septembermorden in den Pariser Gefängnissen, denen etwa 1130 Häftlinge zum Opfer fielen. Sie wurden, obwohl sie in ihrer Mehrheit nicht aus politischen Gründen eingekerkert waren, von Nationalgardisten und Föderierten ermordet, weil sie stellvertretend für alle Verräter und Gegenrevolutionäre der nationalen Rache geopfert werden sollten.

Dies war der Hintergrund, vor dem die Wahlen zum Konvent im September 1792 stattfanden. Unter den neuen Abgeordneten gab es nur noch Anhänger der Revolution, knapp hundert von ihnen waren schon Mitglieder der Konstituante und 189 der Legislative gewesen. Das Spektrum der politischen Gruppierungen verschob sich erneut. Nun fanden sich die knapp 150 Anhänger Brissots, die Girondisten, auf dem rechten Flügel; die radikale Linke um Robespierre umfaßte zunächst nur 100, später im Juni 1793 dann 267 Abgeordnete. Da sie auf den oberen Rängen des Sitzungssaales Platz nahmen, nannte man sie bald die «Bergpartei» *(Montagnards)*. Zwischen ihr und den Girondisten in der niederen Saalmitte war die Ebene *(Plaine)*, die man auch den Sumpf *(Marais)* nannte – eine Mittelgruppierung, die wechselnd abstimmte und das Zünglein an der Waage spielen sollte. Mit Blick auf ihre soziale Rekrutierung gab es zwischen den Abgeordneten kaum Unterschiede, sie stammten fast alle aus dem mittleren und gehobenen Bürgertum. Ihre immer heftiger werdenden Auseinandersetzungen, vor allem zwischen Bergpartei und Girondisten, hatten keine sozial-ökonomischen, sondern politische Hintergründe. Sie beruhten auf tiefen Meinungsverschiedenheiten über die Deutung der Revolution und die daraus abzuleitende politische Taktik und Praxis vor allem gegenüber der radikalen Volksbewegung.

Der erste Akt des neu zusammengetretenen Konvents am 21. September 1792 war die Abschaffung des Königtums und die Proklamation der Republik. Das war eine zweite Revolution, die sich aus der unkontrollierten Dynamik der Revolution von 1789, aus der übereilten politisch-sozialen Neugründung und dem Zusammentreffen mit wirtschaftlichen Krisen ableitete. Es war die Konsequenz aus dem vorerst gescheiterten Versuch, die Revolution zu beenden. Der Krieg, den die Revolution zu ihrer Stabilisierung entfachte, sollte die innere Radikalisierung noch verschärfen. Hinfort gab es einen engen Zusammenhang zwischen dem Verlauf des Krieges und der Revolution.

6. Die Revolution in der Schwebe 1793

Kaum war die «eine und unteilbare Republik» am 25. September gegründet, brachen die politischen Konflikte und Machtkämpfe zwischen Girondisten (jener Revolutionspartei, deren Führer aus dem Departement Gironde stammten) und Montagnards (der Bergpartei) im Konvent offen aus. Auch die Nachricht vom französischen Sieg bei Valmy konnte die Einmütigkeit nicht wiederherstellen. Die eigentliche Hauptaufgabe, die sich der Konvent gestellt hatte, eine neue Verfassung zu erarbeiten, trug kaum zur politischen Aussöhnung bei, sondern spiegelte die politischen Grundsatzkonflikte im Parlament.

6.1. Die Verfassung der Republik

Der Verfassungsausschuß, in dem zunächst die Sympathisanten der Girondisten eine Mehrheit hatten und zu dem auch der Aufklärungsphilosoph Condorcet – der zeitweilig Präsident der Nationalversammlung war – gehörte, sah in seinem Entwurf einer Verfassung eine strikte Gewaltenteilung vor, ferner die Unabhängigkeit der Minister, eine Vielfalt von Wahlen und Institutionen, um wiederum Gerichte und Minister zu kontrollieren. Mit Beginn der Beratungen schieden sich die Fraktionen an der Interpretation der Volkssouveränität und der Rolle des Volkes: Dort wo die Cordeliers und Montagnards für das reine Prinzip der Demokratie und eine direkte Form der Ausübung der Souveränität des Volkes eintraten und alle intermediären Einrichtungen ablehnten, bevorzugten die Girondisten die durch ein Repräsentativsystem vermittelte Souveränität. Der Vorwurf der Montagnards lautete, der Verfassungsentwurf beschneide zu sehr die Macht der Legislative zugunsten der Exekutive und stärke die Rolle der Departements. Sie befürchteten, daß die Einflußmöglichkeiten der städtischen Distrikte eingeschränkt und durch administrative Maßnahmen das mäßigende Gegengewicht der großen Gemeinden und des Landes mobilisiert werden könnte. Robespierre schließlich vermißte das Recht auf Unterstützung und auf Arbeit, ferner die Einführung einer Progressivsteuer und die Bestimmung einer sozialen Beschränkung des Rechtes auf Eigentum. Außerdem sollte in die Präambel das Ziel des allgemeinen Glücks (*bonheur commun*) und die Berufung auf das Naturrecht eingeführt werden. Die Erklärung der Grundrechte und die Verfassung vom Mai 1793 haben dann tatsächlich die Menschenrechte in ihrer sozialen Verpflichtung herausgestellt und umgekehrt die Macht der Nationalversammlung eingeschränkt. Die Vermehrung der Wahlgänge, die auf den ersten Blick als radikaldemokratisches Element zu verstehen wäre, wurde bezeichnenderweise von den Montagnards abgelehnt, weil sie davon eine Stärkung der bürgerlichen Schichten befürchteten, die häufiger zur Wahl gingen als die Volksmassen. Der Streit um diesen Punkt zeigt die Konjunkturabhängigkeit der Debatte. Das girondistische Projekt wollte vor allem die Vormacht von Paris brechen und ein Gleichgewicht zwischen Zentrum und Peripherie Frankreichs herstellen, während das jakobinische ganz auf die Beeinflußbarkeit der hauptstädtischen Massen setzte. Nach der Vertreibung der Girondisten aus dem Konvent sollten sich bei der Verabschiedung der Verfassung am 24. Juni die Optionen ändern. Nun wurde der Vorrang der Legislative wieder eingeführt und die Macht der Minister und der Departements reduziert. Aus Furcht vor der Gefahr des Föderalismus, d. h. einer strengen Kompetenzaufteilung zwischen Legislative und Ministern bzw. Departements, verstärkte der Konvent die Macht der Zentrale wie der Nationalversammlung.

Die Beratungen an der Verfassung hatten angesichts der drohenden bürgerkriegsähnlichen Auseinandersetzungen etwas Unrealistisches, und auch das Interesse war nicht sonderlich groß. Regiert wurde in dieser Zeit provisorisch, anfangs durch Minister und Ausschüsse, später seit Oktober 1793 durch die sog. «Revolutionsregierung». Die improvisierte Diktatur, getragen von der Konventsmehrheit seit dem Herbst 1793, war das

Ergebnis der inneren und äußeren Bedrohung des revolutionären Frankreichs und der damit verbundenen politischen Machtkämpfe.

Sofort nach der Proklamation der Republik stritt man sich über die Beurteilung der Septembermorde: Die Girondisten sahen in den «Blutsäufern» um Marat, Robespierre und Danton die eigentlichen Schuldigen an den Gewalttaten auf der Grundlage der «Gesetze gegen die Verdächtigen» vom 17. September 1793, denen Tausende zum Opfer gefallen waren, und verlangten ihre Verurteilung. Die Montagnards hingegen wiesen jede Mitschuld zurück, vielmehr machte Robespierre darauf aufmerksam, daß die bürgerliche Revolution ohne die Unterstützung durch die zweite Revolution, die der «Leidenschaften und der rächenden Gewalt» (Furet), nicht überleben könne und rechtfertigte die Morde. «Wolltet ihr eine Revolution ohne Revolution? Könnte um einen solchen Preis jemals ein Volk das Tyrannenjoch abschütteln?» Wenn in den kommenden Monaten der Diskurs über die Revolution geführt wurde, d. h. über die Frage, wer die wahre Revolution vertrete, wer sie verrate und welche Rolle die Gewalt bei der Durchsetzung der revolutionären Ziele spielen dürfe, dann standen hinter diesen Grundsatzfragen gravierende politische Konflikte und vor allem Machtfragen. In keinem der beiden Lager war man bereit, mit politischem Dissens umzugehen. Dies ist um so bemerkenswerter, weil die streitenden Lager, die sich gegenseitig der «Anarchie» und der «Diktatur» bzw. umgekehrt des «Verrats» an der Revolution bezichtigten, aus demselben politischen Klub der Jakobiner stammten.

6.2. Der Prozeß gegen den König

Die politischen Ereignisse der folgenden Monate überschlugen und überlagerten sich. Sie sollen darum an einigen Leitlinien der Kontroversen aufgereiht und so übersichtlicher gemacht werden. Der erste große Grundsatzkonflikt, der auch für das weitere Schicksal der Revolution von zentraler Bedeutung sein sollte, entbrannte über die Frage, was mit dem König nach seiner endgültigen Absetzung am 21. September 1792 geschehen sollte. Die Forderungen militanter Publizisten und Sektionsversammlungen, den «Hochverräter Louis Capet» hinzurichten, wurden lauter, als man am 20. November in den Tuilerien einen Geheimschrank fand, aus dessen Inhalt hervorging, daß Ludwig XVI. eine rege Korrespondenz mit Emigranten und feindlichen Mächten, aber auch geheime Verbindungen mit Mirabeau und anderen pflegte. Nun machte sich Jacques Roux, der «rote Priester» und Mitglied der Cordeliers, zum Sprecher der radikalen Kräfte. Er rief zur Verurteilung von «Ludwig dem Letzten» auf. «Es ist an der Zeit», begründete er das Recht der Revolution, «die Freiheit der Völker zu festigen, indem man rechtmäßig das unreine Blut der Könige vergießt.» Der Konvent berief sich zwar weiterhin auf sein souveränes Recht, allein im Namen der Nation zu entscheiden, konnte in der Sache aber nicht umhin, doch den Prozeß gegen den König zu eröffnen und sich zum Gerichtshof zu erklären. Damit hatten sich die radikalen Kräfte in und außerhalb der Versammlung durchgesetzt. Die Girondisten hingegen, die den König hatten schonen wollen und die in dessen Absetzung nach dem 10. August schon genug Strafe sahen, konnten sich mit ihrer juristischen, menschlichen und außenpolitischen Argumentation nicht durchsetzen. Für gemäßigte Positionen war in einer Atmosphäre der kollektiven Ängste und Emotionen wenig Raum. Robespierre sah in der Verurteilung Ludwigs eine «Maßnahme des öffentlichen Wohls» und einen «Akt der Vorsehung». Die Haltung gegenüber dem abgesetzten König war für ihn eine Entscheidung für oder gegen die Revolution. Darum rief er in dem politischen Prozeß den Abgeordneten im Konvent am 3. Dezember 1792 zu. «Sie haben nicht ein Urteil für oder gegen einen Menschen zu fällen. [...] Ludwig muß sterben, weil es Not tut, daß das Vaterland lebe.» Da sich die Girondisten dieser Argumentation widersetzten, wurden sie aus dem Jakobinerklub ausgeschlossen. Die Bergpartei und die Mehrheit des Konvents beugten sich dem Druck der Straße. Das Ritual der zweimaligen Anhörung des Königs machte die vollständige Delegitimierung des Königs sichtbar. Jetzt wurde Ludwig XVI., dessen Ansprache der

Dritte Stand drei Jahre zuvor nach einem feierlichen Einzug nur stehend anhören durfte, nur noch vom Sitzungspräsidenten angeherrscht: «Louis, setzen Sie sich». Dementsprechend entschied der Konvent in vier namentlichen Abstimmungen vom 15. bis 17. Januar 1793, daß Ludwig der «Verschwörung gegen die Freiheit» schuldig sei. Dies bejahten 673 Abgeordnete von 718. Zweitens müsse seine Verurteilung nicht durch eine weitere Abstimmung des Volkes ratifiziert werden. Drittens stimmten von 721 Abgeordneten 387 für die Todesstrafe, 334 waren dagegen. Viertens sollte diese Urteil sofort vollstreckt werden (361 Ja-Stimmen, 360 Nein-Stimmen). Am 19. Januar wurde wegen des sofortigen Strafvollzugs noch einmal abgestimmt, 383 waren gegen, 310 für den Strafaufschub.

Zwei Tage später, am 21. Januar 1793, fand die öffentliche Hinrichtung auf der ehemaligen «Place de Louis XV» statt, die mittlerweile in «Place de la Révolution» umbenannt wurde und zwei Jahre später (und bis heute) den Namen «Place de la Concorde» tragen sollte. Die Bildpublizistik, die die Hinrichtung überliefert hat, wählte den Bildausschnitt meistens so, daß der Betrachter das Gerüst mit der Guillotine direkt neben dem Sokkel des im August 1792 gestürzten Reiterdenkmals zu sehen bekam. Die *damnatio memoriae* des Denkmalsturzes fand damit ihre Vollendung in der Inszenierung der «öffentlichen Rache» (Robespierre). Die Hinrichtung galt den «beiden Körpern» des Königs, dem physischen Leib Ludwigs und dem politisch-mystischen des sakralen Königtums. Eben diese imaginäre Identifikation des Königs mit seinem sakralen Amt, die der Absolutismus als traditionelle Form der symbolischen Repräsentation bis zuletzt eingesetzt hatte, sollte durch die Hinrichtung rückgängig gemacht werden. Dabei wurde das Fallbeil zum Instrument der Sühne und der Gerechtigkeit des Volkes erklärt. Zugleich wurde damit die Guillotine zum Instrument der Politik, das von der Volksbewegung bald zur «Sichel der Gleichheit», von Liberalen und Gegnern der Revolution zu deren schrecklichem Symbol erhoben wurde. Das Volk, in dessen Namen die Hinrichtung des Königs beschlossen worden war, wurde bei dem Schauspiel, an dem es schweigend teilnahm, zum Richter über den «Wahrheits-

Abb. 4: Die Delegitimierung der Monarchie.
Die Hinrichtung von König Ludwig XVI. am 21. Januar 1793
auf der Place de la Révolution

anspruch von Theorie und Rhetorik der Bergpartei». Mit seinem Schweigen bewies es, daß es mit seiner «majestätischen Ruhe» den Rang des Souveräns zu Recht einnimmt (Arasse).

Mit der Hinrichtung des Königs hatte die Revolution auch politisch die Brücken zum Ancien Régime und seinen Anhängern für lange Zeit abgebrochen. Der Enthusiasmus für die Revolution, auch außerhalb Frankreichs, sollte mit diesem Ereignis erkalten; eine neue Welle der Emigration setzte ein, unter den Auswanderern und Flüchtlingen waren auch ausländische Diplomaten und Beobachter.

6.3. Krieg und Bürgerkrieg

Das zweite Konfliktfeld war der Krieg. Mit dem Tod des Königs gab es auch für außenpolitische Rücksichtnahmen keinen Grund mehr. Am 1. Februar erklärte der Konvent England und den Niederlanden den Krieg. Der Konvent wähnte sich in seiner kriegerischen Grundstimmung sicher, daß er seinen Kreuzzug für die Freiheit mit dem unerschöpflichen Reservoir an Millionen von Freiwilligen führen könnte, und hoffte darauf, mit dem Krieg die innere Zerrissenheit der Republik zu kitten. Zudem hatten die ersten Monate der jungen Republik im Zeichen militärischer Erfolge gestanden. Die französischen Truppen waren gegen Nizza und Savoyen vorgestoßen, hatten vom Elsaß aus im Oktober 1792 Trier, Speyer, Worms und Mainz erobert; von dort stießen sie im November in Belgien gegen die Österreicher vor, um dann im März 1793 eine verheerende Niederlage zu erleben.

Freilich wurde der Gedanke der Befreiung unterdrückter Völker bald durch die Verlockungen der Annexion und des Ausbaus des nationalen Machtstaates überlagert und verdrängt. Das Angebot des Schutzes und der brüderlichen Hilfe, das der Konvent am 19. November 1792 allen Völkern machte, die ihre Freiheit wiedererlangen wollten, also etwa auch der Mainzer Republik oder auch Lüttich bzw. Belgien, ließ offen, ob diese als selbständige Republiken oder als annektierte Teilgebiete der Mutterrepublik die Errungenschaften der Revolution erfahren und übernehmen sollten. Auf jeden Fall zeigte sich darin bereits die Widersprüchlichkeit einer nationalen Befreiungspolitik und ließ in Frankreich den Gedanken der «natürlichen Grenzen» Frankreichs wieder aufkommen. Dantons Proklamation, Frankreichs Grenzen seien durch das Meer, den Rhein und die Alpen bestimmt, setzte die Eroberungspolitik Ludwigs XIV. mit anderen Mitteln, d. h. mit einer nationalen Befreiungsrhetorik fort. Wie einst gegen den Sonnenkönig wurde nun eine große Koalition gegen das revolutionäre Frankreich unter der Führung Englands gebildet, die bald zu einer riesigen militärischen und politischen Bedrohung für Frankreich wurde.

Das Gesetz zur Aushebung von 300 000 Freiwilligen, die entsprechend der Bevölkerungszahl von jedem Departement anteilig zu stellen waren, hatte allerdings unerwartete und gefährliche innenpolitische Rückwirkungen, die das zweite Problemfeld des Konvents, den Krieg, zum inneren Bürgerkrieg ausweiteten. Die Praxis der Aushebung, die noch nicht die Einführung einer Allgemeinen Wehrpflicht bedeutete, führte zu erheblichen Streitereien, denn es meldeten sich nicht genügend Freiwillige, und in einigen Regionen entstand der Eindruck einer ungleichen Behandlung. In der Vendée war dies der Auslöser zum allgemeinen Aufstand. Warum ausgerechnet von dem westfranzösischen Departement das Signal für die Gegenrevolution ausging, hat umfängliche wissenschaftliche Diskussionen ausgelöst. Ganz sicher lag der Grund dafür nicht in der grüblerisch-eigenwilligen Mentalität der Bewohner der Hügel- und Knicklandschaft, wie lange angenommen wurde. Die Gründe waren vielmehr politischer Natur. Eigentlich hatte die Region sich in den *cahiers* (Beschwerdehefte) vom Frühjahr 1789 auf die Seite der Reform gestellt und anfangs die Revolution durchaus begrüßt. Aber sie sollte dem Departement bald nur Anlaß zur Unzufriedenheit bieten. Die Steuerlasten, die der neue Staat eintreiben ließ, waren größer als früher. Ein weiteres Ärgernis war der einseitige Machtgewinn der lokalen Bourgeoisie, die die neuen Ämter und regionalen Versammlungen monopolisierte und die für sich 1791 mit über 50% den Löwenanteil des Kirchengutes erworben hatte. Zudem gingen mit dem Zusammenbruch des Textilgewerbes ökonomische Schwierigkeiten einher. Die Priester standen der Abschaffung des Kirchenzehnten und dem Eid auf die Verfassung mitsamt der neuen, von den Städten diktierten Kirchenverfassung feindlich gegenüber. Das machte sie zu den Wortführern des Aufstandes, als die Bauern sich weigerten, Abgaben zu leisten und Freiwillige für den Krieg zu stellen, dessen Ursache man einzig in der Hinrichtung Ludwigs sah. Mit der Parole «Keine Miliz!» begann der Aufstand im März. Durch die führende Rolle von eidverweigernden Priestern, die auf dem Lande noch große Autorität besaßen und deren Wiedereinsetzung man forderte, erhielt der Aufstand eine gegenrevolutionäre Stoßrichtung.

Bald kamen durch die Beteiligung von Adligen, die die Führung der aufständischen Armee übernahmen, royalistische Forderungen hinzu. Die aufständische Armee nannte sich nun «christliche und königliche Armee». In den ersten vier Wochen führte der Aufstand bereits zu mehr als 500 Toten. Die Überfälle auf die Nationalgarde, die Hinrichtungen von konstitutionellen Priestern und Angehörigen der Gemeindebehörden nahmen immer größere Ausmaße an und lösten eine Spirale der Gewalt und Gegengewalt aus, als der Konvent Truppen und Revolutionskommissare in die Vendée schickte. Der Bürgerkrieg sollte am Ende mehr als 200 000 Opfer auf beiden Seiten kosten. Es wäre jedoch aus mehreren Gründen verfehlt, die Bürgerkriegsmorde als Genozid zu bezeichnen, wie das in einer erhitzten politischen Debatte im Vorfeld des zweihundertsten Jahrestages der Französischen Revolution in den 1980er Jahren geschehen ist.

Seit dem März 1793 breitete sich der Aufstand über ganz Frankreich aus. Neben der Vendée drohten die Bretagne und bald der Midi abzufallen. Im Sommer 1793 kam es zur föderalistischen Revolte, die sich aus vielen regionalen Traditionen und Reaktionen auf die Herausforderungen durch die Pariser Revolution speiste. Mächtig war die Revolte vor allem in großen Städten des Südens und Westens, in Bordeaux, Lyon, Toulouse und Marseilles sowie in Caen in der Normandie. Zentrales Motiv bildeten die Empörung und der Widerstand der städtischen Bourgeoisie gegen die radikale Entwicklung der Revolution; lokale Jakobiner und Aktivisten der Volksbewegung waren die Zielscheiben der örtlichen Revolte. Gelegentlich spielten sich in der Provinz noch einmal die Machtkämpfe zwischen Girondisten und Montagnards ab, die auch die Entwicklung in der Hauptstadt bestimmten. Möglich wurden die Revolten, weil der Konvent und seine Truppen zunächst von den Kämpfen in der Vendée politisch und militärisch absorbiert waren. Eine Entscheidung sollte fallen, als auch der Machtkampf in Paris zugunsten der Montagnards entschieden war und die Revolutionsregierung nun mit harter Hand eingriff.

6.4. Der Kampf um die Macht: Girondisten, Montagnards und Sansculotten

Das dritte Problemfeld, eng verflochten mit der Kriegs- und Bürgerkriegsproblematik, betraf die soziale Krise und die Mobilisierung der städtischen Volksbewegung. Innenpolitisch ge-

schwächt und am Ende zu einer verzweifelten Konfrontations-
politik herausgefordert, wurden die Girondisten, die im Konvent noch die Mehrheit und die Unterstützung durch die parlamentarische Mitte hatten, durch die Verschärfung der materiellen und sozialen Lage vor allem der städtischen Bevölkerung,
aber auch durch die militärischen Ereignisse in Belgien und den
Verrat des kommandierenden Generals Dumouriez im März
1793. Das alles verdichtete sich in der Volksmeinung zu einer
einzigen Affäre des Verrats und der Verschwörung, begangen
von den Girondisten und den Reichen. Im Frühjahr 1793 stie-
gen nach drei guten Jahren wieder die Brotpreise stark an, hinzu
kamen dramatische Währungsprobleme durch den Wertverfall
der Assignaten, die mittlerweile zum Zahlungsmittel geworden
waren und um 50% ihres Neuwertes verloren hatten, ferner
eine steigende Arbeitslosigkeit.

Sofort wurden bei den kleinen Leuten wieder die sozialen
Protestmechanismen ausgelöst, die auch 1789 die städtische
Volksrevolution angetrieben hatten. Nun aber waren die klassi-
schen Forderungen in einer solchen Teuerungskrise durch die
Agitationsarbeit von militanten Journalisten und Sektionsfüh-
rern längst politisiert. In Flugschriften wurde gegen Spekulan-
ten und Hamsterer mobil gemacht, und es tauchten massive
Forderungen nach Höchstpreisen für Lebensmittel sowie nach
einem Zwangskurs für die Assignaten auf. Marat sah in der
Preistreiberei gar ein Zeichen von Revolutionsfeindschaft und
Verrat am Allgemeinwohl.

Robespierre suchte bereits im Februar die Zusammenarbeit
mit den Sektionen und war nicht nur deklamatorisch bereit,
die politische Prärogative des Parlaments, zumindest vorübergehend, angesichts der radikalen außerparlamentarischen Bewegung außer Kraft zu setzen. Unverkennbar war dabei die taktische Absicht, mittels der Volksbewegung die girondistische
Mehrheit zu stürzen. «Sobald sich das Volk versammelt», erklärte er gegen alle Regeln einer Repräsentativverfassung, «erlischt
die politische Repräsentation, die Vollmacht des Konvents».

Als es Ende Februar zu dem üblichen Sturm auf die Bäckerläden kam, bei denen die Bäcker zur Abgabe von Brot zu nied-

rigen Preisen gezwungen wurden, sahen die Girondisten darin nicht mehr nur den alten Mechanismus der Teuerungsrevolten, sondern prangerten dies als einen Angriff auf das Eigentumsrecht an, der von den Agitatoren der Pariser revolutionären Stadtverwaltung provoziert worden war. Die wütenden Attacken der Girondisten gegen die «Volksfreunde» Marat und Roux riefen neue Kampagnen der Pariser radikalen Sektionen hervor. Am 15. April reichten 35 Pariser Sektionen eine Proskriptionsliste mit den Namen führender Girondisten ein. Schließlich marschierten etwa 10 000 unbewaffnete Bürger drohend zum Konvent, wo sie eine Reglementierung des Getreidepreises und damit eine Abkehr von der Freihandelspolitik der Girondisten forderten. Der Konvent gab schließlich am 4. Mai – gegen die Stimmen der Girondisten – nach, auch um die soziale Unruhe einzudämmen. Gleichwohl begann nun die große politische Zeit der Sansculotten. Als die Girondisten neuerlich Flugblätter verteilten, damit Öl ins Feuer gossen und vor einem «Krieg zwischen den Besitzenden und Nichtbesitzenden» warnten, lösten sie, ohne eine Vorstellung von den politischen Dimensionen der sozialen Frage zu besitzen, den Bürgerkrieg aus, der über die Vendée und die förderalistische Revolte hinausging. Es kam, wie es einer der Klassiker der Revolutionshistoriographie, Albert Mathiez, formulierte, zur «Dritten Revolution», die im Sturz der Girondisten und dem gewaltsamen Tod einiger ihrer führenden Mitglieder mündete.

Wer waren eigentlich die Sansculotten? Die Selbstdefinition, formuliert von einem militanten Journalisten im April 1793, war bezeichnend für die sozial-romantische, rückwärtsgewandte, aber auch gewaltbereite Mentalität dieser städtischen kleinen Leute, die von ihrer Hände Arbeit lebten. «Ein Sansculotte, Ihr Herren Schufte? Das ist einer, der immer zu Fuß geht, der keine Millionen besitzt, wie Ihr sie alle gerne hättet ... der mit seiner Frau und seinen Kindern ganz schlicht im 4. oder 5. Stock wohnt. Er ist nützlich, denn er versteht ein Feld zu pflügen, zu schmieden und zu sägen, ein Dach zu decken, Schuhe zu machen und bis zum letzten Tropfen sein Blut für das Wohl der Republik zu vergießen.» Die Sansculotterie war nur der politisierte

Teil dieser Schichten der Handwerker, Kleinhändler und ihrer Gesellen, die teilweise kleine Eigentümer waren oder vom Eigentum träumten. Als äußeres Erkennungszeichen trug man einfache Arbeitskleidung, die der Kniehose, der *culotte*, und den Seidenstrümpfen der Aristokraten bewußt entgegengesetzt war. Dazu stellten die Aktivisten ihre Entschlossenheit und Zugehörigkeit durch die Symbole der jakobinischen Revolution unter Beweis: die rote Freiheitsmütze, die Kokarde als patriotischer Anstecker, und die Pike, Zeichen des wehrhaften und gewaltbereiten Bürgers. Sie waren sicher keine Vorläufer des Sozialismus und des Proletariats und waren ohne feste politische Ziele. Diese formulierten vielmehr die intellektuellen Wortführer für sie, die sich Volksfreunde nannten. Sie agitierten vor allem gegen den Hof, gegen die Aristokratie, gegen die Reichen und Kapitalisten, die sich nicht die Hände schmutzig machen wollten. Ihr Sozialideal war das der *heureuse mediocrité*, des glücklichen Mittelmaßes einer moralischen Ökonomie, in der keiner zuviel und keiner zuwenig besitzen durfte. Man traf sich in den Sektionen und Volksgesellschaften und verstand sich selbst als unmittelbarer Träger der Volkssouveränität.

Die kulturelle Praxis der nachbarschaftlichen Soziabilität in Schenken, bei volkstümlichen Banketten und Festen im Stadtviertel war die symbolisch-kommunikative Basis für das Ideal der Solidarität. Dieses egalitäre und rückwärtsgewandte Ideal selbständiger Kleinproduzenten entfaltete sein revolutionäres Potential durch sozial-ökonomische Veränderungen und Krisen und wurde zur Leitlinie des Protestes und der direkten Aktion.

Als «authentische Interpreten» (Reichardt) des Volkswillens verstanden sich die radikalen politischen Klubs und Intellektuellen, die sich im Umfeld der Sansculotten und Pariser Sektionen bewegten und dort agitierten: die *Enragés* (wörtlich «Die Wütenden» – eine besonders radikale, sozialrevolutionäre Fraktion) um Jacques Roux und Jean Varlet und die Schauspielerin Claire Lacombe, ferner die Hébertisten um ihren Wortführer Hébert, Herausgeber des populären, politisch radikalen und in seiner Imitation der Volkssprache recht deftigen «Père Duchesne».

Im Frühsommer 1793 bündelten und überlagerten sich die Krisenherde und Konfliktlinien und führten zu einer Explosion der Gewalt. Alle Ansätze einer Konsolidierung waren gescheitert: Die neue Verfassung der Republik, die unter girondistischer Federführung erarbeitet, von der parlamentarischen Linken zunächst zurückgewiesen und nach einer Intervention von Robespierre mit einer deutlichen Stärkung der sozialen Rechte schließlich verabschiedet wurde, sollte im Tageskampf nur noch als Vehikel für die Durchsetzung von Neuwahlen dienen. Doch dazu kam es nicht; denn bevor die Verfassung in Kraft treten konnte, war der Machtkampf zwischen Girondisten und Montagnards entschieden, waren die institutionellen Grundlagen der *Terreur* mit der Errichtung eines Sondergerichts am 10. März zur Verfolgung aller «Anschläge gegen die Freiheit, Gleichheit, Einheit und Unteilbarkeit der Republik», mit der Einrichtung von Überwachungs- und Revolutionsausschüssen in den Klubs und Sektionen (21. März) und der Bildung des *Comité de salut public* (Wohlfahrtsausschuß), eines Konventsausschusses zur Überwachung der Staatsverwaltung, am 6. April geschaffen. Hintergrund dieser Aushöhlung institutioneller Kontrollen der politischen Entscheidungen waren die innen- und außenpolitischen Krisen; sie riefen öffentliche Reaktionen hervor, die politisch noch heftiger ausfielen und sich gegen die Girondisten richteten, als die Flucht von Dumouriez zu den Österreichern am 4. April bekannt wurde.

Damit war der Endkampf zwischen Girondisten und Montagnards eröffnet. Entscheidende Auslöser und Mitspieler in diesem Kampf zweier verfeindeter Brüder waren die Sansculotten. Um ihre Macht noch einmal zu festigen, bildeten die Girondisten eine Zwölferkommission, die die Stadtverwaltung von Paris, den institutionellen Gegenspieler des Konvents, untersuchen sollte. Als die Kommission am 24. Mai Jacques Hébert verhaften ließ, rüsteten die Sektionen zum Aufstand. In der Nacht vom 30. auf den 31. Mai bildeten Abgesandte der Sektionen unter Leitung von Varlet, Mitglied der Enragés und Sprachrohr der Volksbewegung, einen geheimen Ausschuß, der sich der Pariser Commune unterstellte und den Volksaufstand koordinierte. Trotz der

Beschwichtigungsversuche durch die Bergpartei umstellten am 31. Mai 1793 etwa 60 000 bewaffnete Sansculotten den Nationalkonvent und forderten die Verhaftung von 22 Girondisten. Als dies vorerst abgelehnt wurde, kam es zur Wiederholung der Aktion, die wieder vom Revolutionären Zentralkomitee der Sektionen angeführt, aber nun von 80 000 Nationalgardisten unter Befehl von Santerre, vermögender Bierbrauer, Volksführer aus dem Faubourg Saint-Antoine und seit dem 10. August Befehlshaber der Nationalgarde, ausgeführt wurde, die mit schwererem Geschütz ausgerüstet waren. Unter dem Druck der Kanonen stellte der Konvent 29 Girondisten und zwei ihrer Minister, die ausgeliefert werden sollten, unter Hausarrest. Soweit sie nicht fliehen konnten, wurden sie später vom Revolutionsgericht zum Tode verurteilt und am 31. Oktober 1793 auf der Place de la Révolution hingerichtet. Das war nicht nur das Ende der Girondisten, sondern ein schwerer Schlag für das junge Repräsentativsystem, das sich dem Druck der Straße gebeugt hatte. Auch die Stoßrichtung der Volksbewegung hatte sich gegenüber ihrem Aufstand vom 10. August 1792 verändert. Nicht mehr der Verfassungswandel, sondern die politische Säuberung des Parlaments durch eine außerparlamentarische Bewegung war das Ziel, wie es von den militanten Anführern formuliert und im Machtkampf der politischen Eliten eingesetzt wurde. Einer der Girondisten, Vergniaud, Mitglied des Führungszirkels und Opfer des Machtkampfes um die richtige Revolutionsdeutung und politische Strategie, hatte dies vorausgesagt. «Die Revolution frißt wie Saturn ihre Kinder». Eine Prophetie, deren Gültigkeit noch spätere Revolutionen bestätigen sollten und die zugleich die Dynamik eines solch eruptiven politischen Prozesses andeutet. Für die Sektionäre selbst, die gleichsam die Fußtruppen im Führungskampf bildeten, hatte sich eines ihrer Grundmotive freilich nicht verändert, das der rächenden Gewalt. Nur Name und Herkunft der «Volksfeinde», die ausgeschaltet werden sollten, hatten sich geändert.

Unmittelbare Folge der gewaltsamen Ausschaltung der Girondisten im politischen Leben der Hauptstadt war ein Aufwallen der föderalistischen Gegenbewegung im ganzen Land gegen

Paris. Zwei Drittel der Departements stellten sich gegen die revolutionäre Hauptstadt und hoben ihrerseits Truppen aus, um sie gegen Paris marschieren zu lassen. Einige Girondisten, die sich dem Hausarrest in Paris entziehen konnten, stellten sich an die Spitze der föderalistischen Bewegung; der Bürgerkrieg, der zuvor bereits begonnen hatte, bekam einen neuen Schub. Die Ereignisse überschlugen sich und stürzten die Republik im Sommer 1793 in eine tödliche Krise. Im Juli 1793 kam es sicherlich zu dem besonders kritischen Moment. Die militärischen Rückschläge in Belgien und an der Rheinfront waren dramatisch: Am 23. Juli kapitulierte Mainz vor den Preußen, am 28. Juli Valenciennes vor den Österreichern. In Savoyen drangen sardinische Truppen ein, über die Pyrenäen rückten spanische Truppen vor. Marat wurde am Vorabend des 14. Juli von der 25jährigen Charlotte Corday ermordet, drei Tage später wurde in Lyon der radikale Revolutionär Chalier von aufständischen Bürgern hingerichtet, Royalisten lieferten am 27. August Toulon den Engländern aus. Der Wohlfahrtsausschuß unter Danton, also die eigentliche revolutionäre Führung, reagierte zunächst zögerlich; auch die Spannungen zwischen dem Konvent, der nun eindeutig von den Montagnards beherrscht wurde, und der Sansculottenbewegung vertieften sich, obwohl oder gerade weil man die Girondisten ausgeschaltet hatte. Danton wurde am 10. Juli nicht im Amt des Wohlfahrtsausschusses bestätigt und schied vorübergehend aus der Politik aus.

Am 27. Juli wurde der jakobinisch bestimmte Wohlfahrtsausschuß unter Führung von Robespierre gewählt, und zwar mit dem festen Ziel, die Gesetze und Kontrollinstrumente einzuführen, die den Notstand überwinden sollten. Der Rumpfkonvent willigte in die drakonischen Maßnahmen ein, um die Republik zu sichern. Überwachungsausschüsse, Vorbeugehaft und Kontrolle der zivilen Freiheiten sollten solange bestehen bleiben, bis in einer friedlicheren Zeit die Verfassung vom Juni 1793 in Funktion treten könne. Kaum aber, daß sie in einem Referendum mit knapp 2 Millionen Ja-Stimmen angenommen und bei dem «Fest der Einheit» am 10. August 1793, dem ersten Jahrestag des Sturzes der Monarchie, feierlich verkündet wurde, sollte sie am 10. Oktober 1793 sistiert werden und tatsächlich nie in Kraft treten.

7. Die Terreur: revolutionäre Verteidigung oder Herrschaft der Ideologie?

Mit dem Eintritt Robespierres in den Wohlfahrtsausschuß begann nach einer verbreiteten Datierung die «Schreckensherrschaft», die wir mit dem französischen Begriff *Terreur* benennen wollen, um den zunehmend systematisch-institutionalisierten Charakter, aber auch die Anbindung der Maßnahmen an die Konventsmehrheit hervorzuheben. Denn zu keiner Zeit war die Terreur eine unkontrollierte Diktatur ohne institutionelles Widerlager, sondern sie war eine Diktatur mit parlamentarischer Legitimation (Gueniffey). Sicherlich hat der Konvent sich immer wieder dem Willen des Ausschusses gebeugt und dessen Zuständigkeit schließlich automatisch verlängert, aber es blieb die institutionelle Möglichkeit einer Änderung der parlamentarischen Mehrheiten und ihres jeweiligen Votums. Die Existenz der revolutionären Regierung hing darum nicht nur vom militärischen Notstand, mithin vom Verlauf des Krieges und des Bürgerkriegs ab, sondern auch von den Ängsten und der politischen Überzeugung des Konvents, daß diese Herrschaft der Terreur notwendig sei. Auch war die zunehmend zentralistische und diktatorische Macht der Revolutionsregierung nicht das Resultat eines geplanten Projekts, sondern entwickelte sich aus der Krisensituation und der Dynamik der politischen Machtkämpfe.

Das Verblassen und temporäre Verschwinden jeder verfassungsmäßigen Norm vollzog sich schrittweise und hatte eigentlich schon nach dem 10. August 1792 begonnen. Je größer das politische Vakuum in der verfassungsmäßigen Ordnung wurde, desto größer wurde die Möglichkeit einer unkontrollierten Gesetzgebungsaktivität, die sich aus der allgemeinen Notstandssituation rechtfertigen ließ.

7.1. Jakobiner und Sansculotten

Ein Wendepunkt in dieser Entwicklung war die Phase zwischen Ende Juli und August 1793; eine weitere Beschleunigung erfuhr der Prozeß der Verfestigung und Legalisierung der Terreur im September/Oktober 1793. Aus der Perspektive ihrer außerordentlichen Gesetzgebung und Institutionalisierung lassen sich mit Patrice Gueniffey insgesamt drei Perioden voneinander unterscheiden und jeweils mit Sondergesetzen in Verbindung bringen. Die erste Phase begann mit der Einrichtung des Revolutionstribunals am 9. März 1793, die zweite mit dem Gesetz gegen die Verdächtigen am 17. September 1793 und die dritte mit dem Prairialgesetz (Junigesetz) vom 10. Juni 1794. Diese dritte Phase stellte mit ihrem Ende durch den Sturz Robespierres am 27. Juli 1794 den kürzesten, aber blutigsten Abschnitt dar. Gemessen an ihrer politischen Effizienz erreicht die Entwicklung der Terreur ihre größte Schlagkraft im Juli/August 1793.

Der Rumpfkonvent, der sich von allen Seiten eingekesselt und bedroht sah, reagierte nun mit Härte und entschlossener republikanischer Einmütigkeit. Nur unter Anspannung aller Kräfte, unter Verschärfung des revolutionären Drucks und auch mit Zugeständnissen an diejenigen, deren Unterstützung man brauchte, ließ sich die Revolution retten. Der Konvent verordnete am 23. August die *levée en masse* (Mobilmachung) und damit die allgemeine Heeresdienstpflicht für alle männlichen Franzosen. Zugleich wurde eine Art Dienstverpflichtung für die Heimat proklamiert und eine gelenkte Kriegswirtschaft eingeführt: Männer sollten für die Rüstung arbeiten, Handwerksbetriebe wurden durch staatliche Aufträge in ein Rüstungsprogramm eingebunden, Frauen sollten Zelte und Uniformen nähen. Ein materieller und sozialer Anreiz bzw. Ausgleich für die Belastungen durch die Kriegführung im Inneren und Äußeren wurde durch die Vollendung der Agrarreformen geschaffen, die nun eindeutig auf die Interessen der kleineren Bauern zugeschnitten waren. Mit einem Gesetz vom 3. Juni wurde der Grundbesitz der Emigranten mit langen Zahlungsfristen zum Verkauf freigegeben, am 10. Juni wurde die Allmende auf die einzelnen Bauern aufgeteilt, schließlich wurden am 17. Juli alle noch bestehenden dinglichen, an den Boden gebundenen Herrenrechte entschädigungslos abgeschafft. Das sollte die Situation auf dem Lande im Sinne der Revolution stabilisieren und den Soldaten an der Front eine Belohnung für ihr Opfer in Aussicht stellen. Über die tatsächliche Wirkung für den Augenblick wissen wir wenig, wohl aber über die langfristigen Folgen für die französische Landwirtschaft, die auf diese Weise für ein ganzes Jahrhundert von der Dominanz einer sozial stabilen, ökonomisch rückständigen kleinbäuerlichen Wirtschaft geprägt bleiben sollte. Auch der städtischen Volksbewegung versuchte man entgegenzukommen, indem man am 26. Juli Kaufleuten, die Waren horteten, die Todesstrafe androhte und die Einrichtung öffentlicher Getreidespeicher und Backstuben in den Departements verfügte.

Angesichts wachsender Versorgungsprobleme und langer Schlangen vor den städtischen Bäckerläden wurden die sozialradikalen Forderungen immer lauter, und die Volksbewegung gab sich mit den bisherigen Maßnahmen nicht zufrieden. Die Sektionen tagten nun in Permanenz und forderten scharfe Gesetze gegen alle ehemaligen Adligen, die aus ihren administrativen Ämtern und militärischen Funktionen zu verjagen seien. Aus dem egalitären Sozialideal des *menu peuple* (des einfachen Volkes) leiteten sich die Forderungen nach einer Obergrenze der Vermögen und einer Begrenzung der Pachtgüter ab. Um ihren Forderungen Nachdruck zu verleihen, zogen am 3. September mehr als 2000 Handwerker, Männer und Frauen aus den Faubourgs wieder auf den Platz vor dem Pariser Rathaus, um von dort aus eine Massendemonstration in Gang zu setzen. Am 5. September war es dann tatsächlich so weit, und noch einmal konnten die Sansculotten, unterstützt von Mitgliedern der Stadtverwaltung und des Jakobinerklubs, einen Kampftag der Revolution nach dem Muster des 2. Juni organisieren und den Konvent umstellen. Mit einer Delegation der Sektionen zogen Hunderte von Demonstranten in den Sitzungssaal und gaben den Forderungen nach direkter Demokratie und der Sicherung der Versorgung durch die Verfolgung aller Spekulanten und Wucherer, d. h. aller

Volksfeinde sichtbaren Ausdruck. Die Präsenz «des Volkes» im Saal war für den Sprecher der Commune, Chaumette, dann auch der Beleg für die Souveränität des Volkes, deren Macht und Gewaltbereitschaft er mit Blick auf die anwesenden Sansculotten, die er mit Herkules verglich, hervorhob. «Herkules steht bereit; gebt die Keule in seine kraftvollen Hände und bald [...] wird die Verpflegung des Volkes gesichert sein.» Wie die Keule aussehen sollte, gaben andere Petitionen der versammelten Sektionen zu erkennen, indem sie «Notstandsmaßnahmen» (Reichardt) und die Hinrichtung der Girondisten forderten. «Setzt die Terreur auf die Tagsordnung», war dann auch die Formel, die alle Forderungen vereinte, von der sich die Demonstranten eine Lösung der Krise versprachen.

Während die Mehrheit des Konvents schwieg, gab sich Robespierre konzessionsbereit und volksfreundlich. Das Wort Terreur vermied er freilich, aber der Wohlfahrtsausschuß machte sich sofort daran, entsprechende Gesetze auszuarbeiten. Der Konvent hat sie unmittelbar darauf beschlossen und damit auch die Legalisierung der Terreur. Eine Revolutionsarmee (*armée révolutionaire*) von 6000 Männern zu Fuß wurde aus der Sansculotterie gebildet, die für die Hauptstadt hinreichend Getreide und Mehl eintreiben sowie Wucherer und Schieber verfolgen sollte. Die Teilnehmer an den Sektionsversammlungen, sofern sie bedürftig waren, sollten ein Tagegeld von 40 Sous erhalten. Die Zugeständnisse an die Sansculotten wurden in den folgenden Tagen durch neue Dekrete fortgeführt und erweitert. Vor allem wurde am 29. September ein Allgemeines Maximum für Preise von wichtigen Verbrauchsgütern und für Löhne erlassen. Zu dieser Notstandsdiktatur auf wirtschaftlichem Gebiet gehörte ganz im Sinne der Sansculotten auch eine politische Kontrolle. Einheiten der Nationalgarde wurden damit beauftragt, Wehrdienstverweigerer oder Deserteure zu jagen. Deputierte *en mission* (Kommissare) wurden vom Konvent ausgeschickt, um die Disziplin der Truppe zu verbessern bzw. zu erzwingen. Mit dem Gesetz zur Ermittlung und Verhaftung der «Verdächtigen» durch besondere Überwachungsausschüsse wurde eine Kategorie in die außerordentliche politische Strafjustiz eingeführt, die so schwammig war, daß sie Willkür und Denunziation Tür und Tor öffnete. Von den 1158 «Verdächtigen», die beispielsweise in Rouen verhaftet wurden, waren 29% Adlige, 19% Priester und 7,5% ehemalige Amtsbesitzer. Sie wurden wegen ihres sozialen Status verfolgt. 18,7% der Verhafteten waren Bürger, 27% kamen aus handarbeitenden Schichten; sie wurden aus politischen Gründen verhaftet, weil sie sich durch antirevolutionäre Parolen und Handlungen auffällig gemacht hatten oder angeblich als Kleinhändler das Warenangebot zurückgehalten oder verteuert hatten. 39,4% der «Verdächtigen» waren Frauen, die meisten von ihnen stammten aus dem Adel und kirchlichen Kreisen.

7.2. Die Legalisierung der Terreur

Sicherlich hatte sich der Wohlfahrtsausschuß auch zu dieser Legalisierung der Terreur entschlossen, um damit «Ausbrüche ungesetzlicher popularer Lynchjustiz wie im September 1792 zu verhindern» (Reichardt). Aber zugleich bot sich damit ein Instrument, um im Kampf der politischen Fraktionen die Möglichkeit zu erhalten, unliebsame Gegner oder Aufwiegler auszuschalten. Als ersten traf es Jacques Roux, der am 5. September verhaftet wurde; zwei Wochen später waren davon die Emigranten betroffen.

Die Institutionalisierung der Terreur und damit auch die Ausschließung radikaler Wortführer der Volksbewegung setzte sich mit den Konventsdekreten vom 10. Oktober 1793 fort. Saint-Just rechtfertigte die Bildung der Revolutionsregierung mit der akuten Bedrohung der Revolution durch Krieg und Bürgerkrieg, die es erforderlich mache, alle Gegner des Volkes von der politischen Willensbildung auszuschließen. «Jeder, der sich dem Volk entgegenstellt, zählt nicht mehr zum Souverän, und jeder, der nicht mehr zum Souverän gerechnet wird, ist ein Feind.»

Der endgültige Schritt zur Erhebung der Terreur zum Regierungsprinzip erfolgte mit dem Dekret vom 10. Oktober 1793, das «die provisorische Regierung Frankreichs bis zum Frieden für revolutionär» erklärte. Das bedeutete, daß bis dahin die neue

Verfassung vom Juni 1793 suspendiert blieb und daß ohne Terreur eine Beendigung der Revolution nicht für denkbar und machbar erachtet wurde. Für die Praxis bedeutete das Dekret die Etablierung der persönlichen Herrschaft von Robespierre und nach der Vorlage eines weiteren Dekrets vom 4. Dezember über die «Revolutionsregierung» die endgültige Zentralisierung der Herrschaft. Im Verbund mit dem Sicherheitsausschuß, der für die Verfolgung der «Verdächtigen» zuständig war, dabei aber immer dem Wohlfahrtsausschuß unterstand, unterstellte sich dieser die Minister, die Armee und das erweiterte Revolutionstribunal. Mittels der Kommissare, die eine an die absolutistischen Intendanten erinnernde Funktion in den Regionen einnahmen, kontrollierte der Wohlfahrtsausschuß auch die Departements. Auch die monatliche Bestellung der zwölfköpfigen Mitglieder des Ausschusses durch den Konvent entfiel, was die Unabhängigkeit der revolutionären Regierung noch vergrößerte.

Nach dieser Institutionalisierung der Revolutionsdiktatur begann Robespierre Ende 1793 mit ihrer Legitimation. Er rechtfertigte in seiner Theorie der revolutionären Regierung, die er in einer Rede am 25. Dezember 1793 entwickelte, diese mit ihrem Auftrag, «alle moralischen und physischen Kräfte der Nation auf das Ziel hinzulenken, zu dessen Verwirklichung sie eingesetzt ist.» Das Ziel der Revolution sei, die Republik zu begründen sowie alle «guten Bürger» zu schützen und die «Feinde des Volkes» zu vernichten. Die Revolution sei darum «der Krieg der Freiheit gegen ihre Feinde». Erst wenn dieser Krieg erfolgreich beendet sei, beginne die Zeit der Verfassung als der «Herrschaft der siegreichen und friedlichen Freiheit». Die Rechtfertigung für den «Despotismus der Freiheit gegen die Tyrannei», ausgeübt von der Revolutionsregierung, stützte sich auf den Willen des Volkes und das öffentliche Interesse. Im Februar 1794 erweiterte Robespierre seine Theorie der Diktatur durch den Rückgriff auf den aufklärerischen Vernunftglauben und den Begriff der Tugend. Die Tugend war für ihn «das grundlegende Prinzip der demokratischen Regierung» und damit auch der Republik. Die Tugend war nichts anderes als die «Liebe zum Vaterland und seinen Gesetzen» und umfaßte damit auch das Prinzip der politischen Gleichheit. Zu Zeiten der Revolution bedurfte es – wie bei der Freiheit so auch bei der Tugend – besonderer Mittel zu ihrer Durchsetzung gegenüber den Feinden des Volkes, nämlich der Terreur. Tugend und Terreur waren die beiden Seiten derselben Münze. «Die Terreur ist nichts anderes als die unmittelbare, strenge und unbeugsame Gerechtigkeit; sie ist also eine Emanation der Tugend».

Die Rechtfertigung der Diktatur durch die Berufung auf Tugend und Glück war offenbar notwendig, weil Ende Dezember 1793 die ursprünglich vorgebrachten Gründe für die Diktatur der Revolution eigentlich schon entfallen waren. Denn die Feinde im Inneren waren längst besiegt: Die abtrünnigen Städte Lyon und Toulon waren zurückerobert und mit Massenhinrichtungen und Ertränkungen im Fluß einem furchtbaren Strafgericht durch Revolutionskommissare unterzogen worden. Dasselbe galt für die Aufständischen in der Vendée, nach deren Vernichtung zwischen Oktober und Dezember der siegreiche General den grausamen Vollzug meldete: «Die Vendée ist nicht mehr.» Auch nach außen hatten die Revolutionsheere entscheidende Siege bei Hondschoote und Wattignies errungen.

Die Terreur richtete sich nun gegen politische Rivalen und die konkurrierenden politischen Fraktionen im Konvent. Damit wurde ihre ideologische Rechtfertigung immer fragwürdiger. Basierte diese auf der Konzeption des vernünftigen und tugendhaften Volkes, dessen Freiheit begründet bzw. gesichert werden müsse, so mußte die Revolutionsregierung immer unglaubwürdiger werden, je heftiger sie gegen die Volksbewegung vorging und den politischen Rivalen vorwarf, diese gefährdeten die Einheit der Revolution. Indem sie die Gewalt gegen die Feinde der Republik ständig steigerte, wurde die Unterscheidung zwischen Anhängern und Gegnern der Revolution immer problematischer. Seit Oktober 1793 mehrten sich die Bemühungen der Revolutionsregierung, die Macht der Sektionen einzudämmen. Nachdem die *Enragés* schon Anfang September verhaftet worden waren, richtete sich der Machtwille des Wohlfahrtsausschusses bald gegen andere Repräsentanten der Volksbewegung. Zunächst verbot sie am 30. Oktober die Frauenklubs, die sich als bescheidene Frucht der allgemeinen Emanzipationsbewegung nach dem 10. August 1792 gebildet hatten. Danach wurden die Anhänger von Jacques Roux in der Sektion Gravilliers am 28. November verhaftet, schließlich wurden die Revolutionsarmeen zwischen November und Dezember 1793 aufgelöst. Danach richtete sich Robespierres Verfolgungseifer gegen die «ultra-revolutionären» Wortführer bei den Cordeliers und schließlich gegen Hébert und seine Anhänger, die im März 1794 verhaftet wurden. Zwischenzeitlich hatte sich der Machtwille Robespierres auf der anderen politischen Seite gegen die Gruppe im Konvent gerichtet, die sich um Camille Desmoulins und Danton gesammelt und sich gegen die Übersteigerung der Terreur gewandt hatte. Man nannte sie darum *Citras* oder *Indulgents*, die Nachsichtigen. Als sie sich Ende Dezember 1793 – d. h. nach der blutigen Niederwerfung des föderalistischen Widerstandes in Lyon, nach der Guillotinierung der Girondisten und nach der Entspannung der militärischen Lage – für eine Eindämmung des «Blutregimes» und für die Freilassung der Verdächtigen einsetzten, wurden sie vom Wohlfahrtsausschuß als Schädlinge und damit als Feinde der Revolution angegriffen und verhaftet. Robespierre warf ihnen vor, daß es sich bei ihnen um verkappte Girondisten handelte Auch sie wurden als Opfer des Machtkampfes am 5. April 1794 hingerichtet. Ob sie nun Ultra- oder Citra-Revolutionäre waren, sie alle traf der Vorwurf, sie schadeten mit ihrer Kritik am Wohlfahrtsausschuß der Revolution. Daran konnte auch der verzweifelte Hinweis etwa der Mitglieder des Cordeliers Klubs auf die Geradlinigkeit, mit der sich dieser Klub für die Revolution von Anfang an eingesetzt hätte, nichts ändern. Im Namen des Allgemeinwohls hatte sich ein Prozeß in Gang gesetzt, der kaum noch zu stoppen war.

Im Frühjahr 1794, nach der Ausschaltung der Hébertisten und Dantonisten, schien jedoch die Hydra der Zwietracht zerstört, die Ausschaltung der Fraktionen schien beendet zu sein. Der Konvent regierte nun offenbar unangefochten mit seinen Ausschüssen. Gleichwohl wurden neue Kommissare in die Provinz geschickt, neue Deputierte *en mission* folgten und kontrollierten die Generäle. Das Mißtrauen war geblieben, der Konvent zog die Daumenschrauben noch weiter an. Um die Unzufriedenheit über die nach wie vor schlechte Versorgungslage zu dämpfen, stellte die Revolutionsregierung im Februar 1794 gleichzeitig für Bedürftige zehn Millionen Livres zur Verfügung und ordnete mit den Ventôse-Dekreten die Verteilung der Güter der Verdächtigen an. Auch diese Maßnahme war keine Vorwegnahme einer egalitären, eigentumsfeindlichen Gesellschaftspolitik, sondern war einzig politisch-taktisch motiviert, denn zugleich ging das Mißtrauen gegen «anarchische» Bewegungen innerhalb der städtischen Volksmassen weiter.

Das Mißtrauen der Revolutionsregierung gegenüber der Basis und ihre Isolierung sowohl von den Sektionen als auch von einer wachsenden Gruppe von Konventsmitgliedern waren im Frühjahr 1794 immer größer geworden. Eine Eskalation und eine Wiederbelebung der Verrats- und Komplotthesen führten zu zwei Attentatsversuchen auf zwei Mitglieder des Wohlfahrtsausschusses am 20. und 23. Mai 1794, nämlich auf Collot d'Herbois und Robespierre. Die Prairial-Dekrete, die Robespierre daraufhin am 22. Prairial (10. Juni 1794) einbrachte, bedeuteten den Beginn der Großen Terreur und einer weiteren Verschärfung der Verfolgung, indem sie verfahrensmäßig vereinfacht und damit noch willkürlicher wurde. Nun wurde die Terreur endgültig zu einem Regierungssystem, das nur noch darauf ausgerichtet war, alle oppositionellen Regungen zu unterdrücken. Die Dekrete identifizierten endgültig Terreur und Revolution, d. h. die Revolutionsregierung, die allein darüber befinden konnte, wer zu den Feinden der Revolution gehörte. Damit wurden die Dekrete zu einem Instrument der systematischen Auslöschung der Gegner. Ihre praktische und unmittelbare Folge war eine Spaltung zwischen Wohlfahrts- und Sicherheitsausschuß und die Angst der Abgeordneten, die nun Gefahr liefen, selber zu Feinden der Revolution erklärt zu werden. Auch innerhalb des Wohlfahrtsausschusses kam es zu heftigen Meinungsverschiedenheiten. Carnot und Saint-Just stritten sich über die militärische Strategie; Collot d'Herbois und Billaud-Varenne erregten sich über die diktatorischen Vollmachten von

Robespierre. Ein Konfliktpunkt war auch das Fest des Höchsten Wesens, das Robespierre nach einem von ihm vorgelegten Bericht über die Organisation öffentlicher Feste für den Juni 1794 angeordnet hatte. Das Ziel war ein doppeltes: Die Feste sollten ob ihrer politisch-indoktrinierenden Funktion beibehalten, zugleich sollten sie aber kontrolliert werden. Denn gerade in der radikalen Volksbewegung gab es bei Festen antiklerikale Auswüchse, die dem «Unbestechlichen» als anarchisch und als Gefahr für die Einheit der Nation erscheinen mußten. Darum sollte das Fest des Höchsten Wesens eine integrative Funktion bekommen, indem der allgemeine Glaube an ein Höheres Wesen beschworen wurde, um alle Patrioten zu vereinigen. Die Inszenierung des Festes lag in den Händen von Jacques-Louis David, der längst zum Staatsregisseur für die Repräsentation der Revolution geworden war. Robespierre nutzte die Gelegenheit, die Prozession in einem hellblauen Mantel mit einem Blumenstrauß in der Hand anzuführen und damit seine Bemühungen um eine Theorie der Revolutionsregierung auch im symbolisch-kommunikativen Bereich zu begründen. Die Revolution wurde als Kriegserklärung gegen die Korruption und den Egoismus und damit als Inkarnation der Vernunft und der Tugend dargestellt. Allerdings fehlte der Festinszenierung jede Spontaneität, was Saint-Just zu der besorgten Beobachtung veranlaßte, daß die Revolution eingefroren sei. Auch wenn in der Phase der «Jakobinerherrschaft» eine kulturpolitische Offensive und Neugründungsphase zu beobachten war, auf die später noch einzugehen sein wird, zeigte sich an den Revolutionsfesten auch die Beliebigkeit, mit der diese eingesetzt, umgedeutet und politisch instrumentalisiert wurden; das aber verwies auf den Mangel an Akzeptanz und Verbindlichkeit der Inszenierungen, der auch eine Folge des raschen politischen Systemwechsels und der damit sich wandelnden politisch-kulturellen Deutungsangebote war.

7. 3. Der Sturz Robespierres
und die Bilanz der Terreur

Daß die Revolution eingefroren war, sollte sich in den wenigen Wochen nach dem Prairial-Dekret zeigen. Die internen Konflikte nahmen zu, Robespierre erschien weder zu den Sitzungen des Wohlfahrtsausschusses noch zu denen des Jakobinerklubs. Am 26. Juli (8. Thermidor) hielt er eine Rede im Konvent, in der er vage Drohungen gegen ungenannte Deputierte ausstieß. Unter denen, die seinen Sturz schließlich vorbereiteten, waren Fouché, Collot d'Herbois, Fréron und Barras, die fürchteten, Robespierre könnte sie wegen ihrer blutigen Unterdrückung der föderalistischen Aufstände in Lyon, Toulon und Marseille zur Rechenschaft ziehen. Darum inszenierten sie seine Verhaftung mitten im Konvent. Er konnte nun nicht mehr auf die Unterstützung der Sansculotten setzen. Zwar läutete die Commune noch einmal die Sturmglocke und mobilisierte fast 30 000 Aktivisten aus 16 Sektionen, aber diese kamen ihrem einstigen Helden nicht zu Hilfe und reagierten, enttäuscht über die nach ihrer Überzeugung mangelhafte Politik eines Maximums der Löhne durch den Konvent, stumm auf die Verhaftung. Robespierre versuchte Selbstmord zu begehen, verletzte sich dabei aber nur schwer, so daß er den Gang zur Guillotine in einem Zustand der Agonie antrat. Nach einem Polizeibericht soll eine Gruppe von Bürstenmachern aus den Faubourgs den Fall seines Kopfes mit der Bemerkung begleitet haben, dort falle das Maximum in den Korb.

Robespierre wurde am 28. Juli mit 105 seiner engsten Anhänger hingerichtet. Das war zugleich das Ende des Regierungssystems der Terreur. Robespierre hatte diesem ein doppeltes Ziel gesetzt: die Revolution zu retten und eine neue Gesellschaft zu schaffen. Das erste Ziel wurde durch die Zentralisierung der politischen Entscheidung und durch brutale Einschüchterung bzw. Zwang erreicht. Allerdings war der Preis dafür zu hoch. Die Terreur verursachte immenses menschliches Leid und forderte Zehntausende von Todesopfern; sie belastete die jakobinische Politik mit hohen moralischen Kosten. Das zweite Ziel einer tugendhaften, selbstgenügsamen Gesellschaft war an dem

Machbarkeitswahn und der Praxisferne des Projekts gescheitert und hatte auch für die politischen Eliten der Revolution jeden Reiz verloren und nur Schrecken provoziert.

Gleichwohl läßt sich die schrittweise Entfaltung der Terreur von einzelnen Sondermaßnahmen und Säuberungsforderungen der Volksbewegung bis zur legalen Terreur nicht als Produkt einer revolutionären Ideologie erklären. Vielmehr diente die Ideologie der Einheit, der Tugendhaftigkeit und der Reinheit der Revolution immer nur zur nachträglichen Rechtfertigung von Gewaltakten bzw. von Gewaltandrohung, die ihre Wurzeln in der kollektiven archaischen Gewalt des Volkes hatte und dann schrittweise in die revolutionäre, d. h. bewußt als Mittel der Politik eingesetzte Gewalt seit 1789 überging. Die revolutionäre Gewalt wurde nicht von den krisenhaften Umständen der weiteren politischen Entwicklung im Inneren und Äußeren freigesetzt, sondern ihre Entfaltung war Produkt der politischen Auseinandersetzungen und des politischen Handelns, mit denen die jeweils politisch führenden Gruppen auf diese Herausforderungen reagierten. Dies galt besonders für die Politik der Jakobiner und der Bergpartei. Ihr Reden und Handeln, das sich als Umsetzung und Verwirklichung der Revolution darstellte, erzeugte eine revolutionäre Dynamik, durch die gemäßigte politische Positionen und Entscheidungen durch institutionelle Vorkehrungen der Repräsentativverfassung und der Gewaltenteilung an den politischen Rand gedrängt wurden und umgekehrt die Radikalisierung der Revolution zunahm. In den Machtkämpfen des Jahres 1793/94, die zu einer Systematisierung der Terreur führten, war es eine Gemengelage von äußeren politischen, militärischen und wirtschaftlichen Umständen wie von diskursivem und symbolischem Reden und Handeln, die die Radikalisierung und damit die Institutionalisierung der Terreur vorantrieb. Dabei veränderte ihre Politik nach der Beobachtung von Patrice Gueniffey ihre Funktion: War sie in den Machtkämpfen vom März bis zum Dezember 1793 ein «Symptom der Anarchie», so wurde sie im Frühjahr 1794 zu einem «Instrument der Stabilisierung des Staates», zu einem Machtsystem, das sich eine theoretische Rechtfertigung gab. Nicht eine Ideologie hat zur Terreur geführt, sondern die Praxis der Terreur hat am Ende zur vorübergehenden Herrschaft einer Ideologie geführt. Mit dem Ende des Machtsystems der Terreur nach dem Sturz Robespierres hat diese Ideologie des Jakobinismus zwar nicht aufgehört zu existieren, wohl aber hat sie an Wirkung verloren.

Der Akt der ängstlichen Rache und Selbstbehauptung durch den Konvent am 28. Juli 1794 war Teil des letzten großen Hinrichtungsschubs und beendete die Terreur, wenn nicht sofort, so doch binnen kurzer Zeit. In den letzten Wochen von Juni bis Juli waren im ganzen Lande 16 594 Männer und Frauen der legalen Terreur zum Opfer gefallen, davon in Paris 1376 Personen. In ihrer Mehrzahl wurden sie des bewaffneten Aufruhrs bezichtigt. In ihrem quantitativen Ausmaß hatte die Entwicklung der Terreur ihren Höhepunkt in der Zeit vom Sommer 1793 bis zum Frühjahr 1794 erreicht. Das belegt auch die Praxis des Revolutionstribunals, vor das in den ersten sieben Monaten monatlich 50 Angeklagte gebracht wurden, im November 1793 dann 300 Angeklagte und im Juni 1794 mehr als 700.

Jede Statistik der Terreur hat etwas Abstraktes und Unmenschliches, außerdem im Falle der Französischen Revolution auch sehr viele rechnerische Ungenauigkeiten. Bei allen statistischen Unsicherheiten geben die Zahlen eine Vorstellung von den Dimensionen der Gewalt und erklären die nachhaltigen politischen Erschütterungen und Kontroversen, die davon ausgingen. Donald Greer hat 1935 in einer frühen Schätzung die Zahl der Hinrichtungen zwischen März 1793 und August 1794 auf 16 594 beziffert. Dabei sind die Massenhinrichtungen in Lyon nicht eingerechnet, von denen keine Zahlen überliefert sind. Auch die Opfer in den überfüllten Gefängnissen lassen sich nicht beziffern. Auf jeden Fall müssen die Zahlen von Greer beträchtlich nach oben korrigiert werden. Auch stammen die Opfer keineswegs nur aus der Oberschicht des Ancien Régime. Bei den nachweisbaren Hinrichtungen stammten nur 6,25 % aus dem Schwertadel, 2 % aus dem Amtsadel, 6,5 % aus dem Klerus, 14 % aus dem höheren Bürgertum, 10 % aus den bürgerlichen Mittelschichten und 31,25 % aus den handarbeitenden

Schichten sowie 28 % aus bäuerlichen Schichten. Berücksichtigt man den unterschiedlichen Anteil der jeweiligen Gruppen an der Gesamtbevölkerung, so läßt sich eine schichtenübergreifende Betroffenheit feststellen und damit die Dominanz einseitiger sozialer Ursachen ausschließen. Vielmehr läßt sich die überwiegende Mehrheit der Hinrichtungen auf politische Motive zurückführen.

8. Die politische Kultur der Revolution

Über die Bedeutung der Herrschaft der Jakobiner und Sansculotten haben Geschichtsforschung und Publizistik schon immer sehr kontrovers geurteilt, und in vielen Fällen haben bei diesem Urteil politische Präferenzen eine wichtige Rolle gespielt. Hatte eine neojakobinische und marxistische Geschichtsschreibung im 20. Jahrhundert, vor allem in den 1950er bis 1970er Jahren, die zweite Phase der Revolution von 1792 bis 1794 als «Revolution der Gleichheit» (Soboul) als höchste Stufe und aus gesellschaftlicher wie aus politischer Perspektive fortgeschrittenstes Stadium der Revolution besonders positiv bewertet, so hat die liberale Gegenposition von Furet und anderen den Dirigismus und die Politik der Terreur in der Jakobinerzeit als Beleg für ihre These vom Abgleiten der Revolution von ihrem historischen Weg angesehen und dieser Phase im Unterschied zu den Jahren 1789 bis 1791, den eigentlichen Jahren der Neugründung eines nationalen Verfassungsstaates, eine geringe Innovationsleistung zugesprochen. Dieses Urteil hat sich mit der Wende der Geschichtsforschung hin zu einer mentalitäts- und kulturgeschichtlichen Perspektive seit mehr als zwanzig Jahren relativiert und damit die Kontroverse entschärft. Denn es gilt als unumstritten, daß die politische Radikalisierung in den Jahren 1792 bis 1794 zu einer tieferen Zäsur im soziokulturellen Leben der Franzosen, zu einem besonders scharfen Bruch in ihren mentalen Befindlichkeiten wie in ihrem politischen Denken geführt, auf diese Weise

Abb. 5: Die Sitzung der Nationalversammlung am 14. September 1791.
Die Ansprache des Königs

die Ansätze einer demokratischen politischen Kultur erst verstärkt und dadurch das Verhalten und Bewußtsein der Menschen tief geprägt hat. Der Gegensatz zwischen den beiden Phasen nimmt sich darum aus dieser Perspektive, der wir jetzt nachgehen wollen, nicht mehr so dramatisch aus.

Die Revolution demonstrierte ihren Anspruch auf eine allumfassende Umwälzung, auf die Schaffung einer neuen Gesellschaft wie auch – in ihrer utopischen Variante – auf die Schaffung eines neuen Menschen, indem sie in ihrem Gestaltungswillen wie in ihrer politischen Praxis alle Bereiche von Kultur und Kunst, von Erziehung und Wissenschaft, von Sprache und Literatur, von Museum und Archiv, von Kleidermode und Architektur erfaßte. Das setzte die Dekomposition oder Transformation der alten Ordnung und tradierter Wertmuster, der überkommenen Sozialbeziehungen und sozialen Formationen voraus, um allen Bereichen des öffentlichen und auch des privaten Lebens den eigenen, neuen Stempel aufzudrücken. Wie umfassend und tiefgehend diese Veränderungen tatsächlich waren, läßt sich nur annähernd und nur im Bewußtsein notwendiger Differenzierung sagen. Daß die Revolution in das Leben der

Franzosen tiefe Veränderungen gebracht hat, die in der öffentlichen Präsentation der neuen Ordnung wie im alltäglichen Leben sichtbar und erfahrbar geworden sind, bezeugen übereinstimmend die Emigranten, die im Direktorium zurückgekehrt sind. Aber auch die Revolutionspilger, die vor dem August 1792 in großen Scharen nach Paris gekommen waren und nach dem Ende des Schreckens wieder in Paris auftauchten, hielten in ihren Reisebeschreibungen die Veränderungen fest. Ähnliche Zeugnisse finden sich in autobiographischen Erinnerungen von Zeitgenossen aus allen Schichten, die im Rückblick festgehalten haben, was sich seit und mit der Revolution für sie und ihr Umfeld verändert hat.

8.1. Die Entstehung einer neuen Welt

Die Revolution hat für die Mehrheit der Franzosen die sozialen Beziehungen verwandelt und die Stände, Korporationen und Orden aufgelöst. Für die einen war dies eine Veränderung auf Dauer, für die anderen nur vorübergehend und provisorisch. Auf jeden Fall war dies eine wichtige Voraussetzung für die Erfindung und die Wahrnehmung des Neuen. Leben in der Revolution – das bedeutete vor allem für die städtischen Volksmassen wie für die Bauern nach wie vor die Konfrontation mit den täglichen Subsistenzsorgen und mit sozialer Ungleichheit. Es bedeutete aber auch, vor allem in der Stadt, die Konfrontation mit politischen Konflikten oder mit politischen Deutungen alter Konflikte und Sorgen. Es bedeutete die bewußte oder unbewußte Zeitzeugenschaft oder auch Teilhabe an der Entstehung einer neuen politischen Praxis, neuer Handlungsräume, neuer Medien und Zeichen.

Die tiefgreifendsten Veränderungen des Alltagslebens brachte die Revolution zweifelsohne im Bereich der Bestimmung von Zeit, Maß und Gewicht. Mit dem Revolutionskalender wurde der Anspruch der Revolution, eine neue Zeit zu begründen und alle Lebensformen der christlichen Tradition abzustreifen, sichtbar und alltäglich erfahrbar gemacht. Im September 1792 sollte ein neuer Anfang gemacht werden.

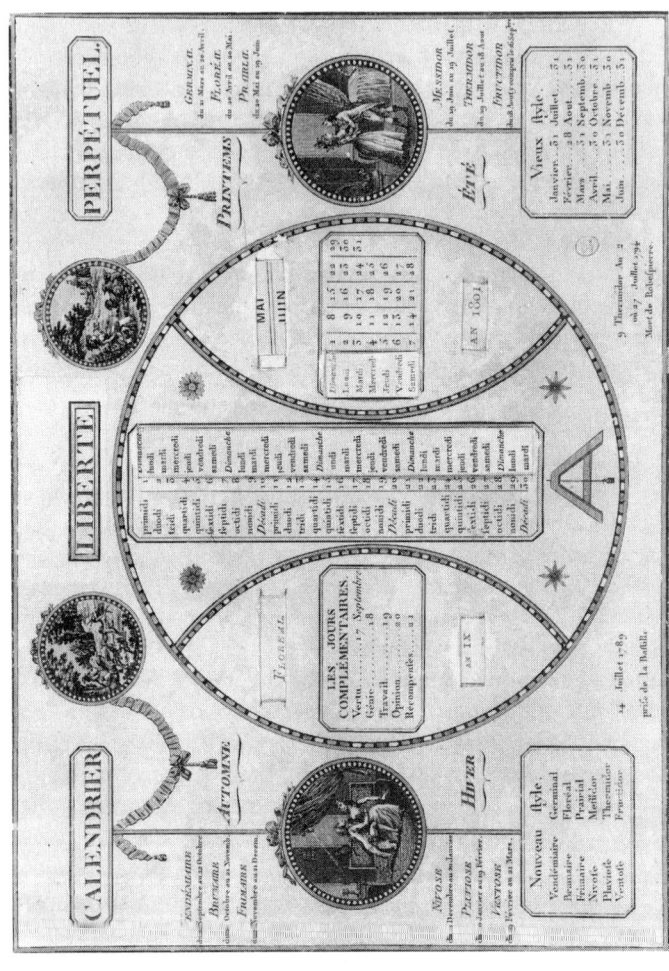

Abb. 6: Die neue Zeit: der Revolutionskalender

Man befand sich ab sofort im Jahr I der französischen Republik. Das Jahr begann mit dem 22. September, es zerfiel in zwölf Monate zu je 30 Tagen. Die restlichen fünf (im Schaltjahr sechs) Tage wurden am Ende des letzten Monat angehängt. Das waren die sog. Sanculottiden, eine Reihe von staatlichen Feiertagen. Jeder Monat hatte drei Wochen zu zehn Tagen, der letzte Tag der Dekade war Ruhetag. Es gab also weniger Sonntage. Die Monatsnamen wurden entmythologisiert und erhielten «natürliche», meistens naturmetaphorische Bezeichnungen wie Vendémiaire (Weinlesemonat = 1. Monat), Brumaire (Nebelmonat = 2. Monat), Thermidor (Hitzemonat = 11. Monat des Revolutionskalenders) etc. Die Sansculottiden waren der Erinnerung und der Feier politischer Normen und Revolutionsereignisse gewidmet: der Meinungsfreiheit, der Arbeit, dem Genie, dem Fest des Höchstens Wesens.

Besonders die Verschiebung der Sonn- und Feiertage griff tief in das Brauchtum ein. Geheiratet werden sollte am Dekadi (dem zehnten Tag einer Dekade), auch Amtseinführungen hatten sich nach dem neuen Kalender zu richten. Es war darum schwer, den neuen Kalender durchzusetzen, und völlig aussichtslos war dies auf dem Lande. Viele datierten Briefe und Schriftstücke doppelt, und die Erleichterung war groß, als 1802 die Dekaden und danach (1805) unter Napoleon der gesamte Revolutionskalender aufgegeben wurden.

8.2. Eine demokratische Kultur

Zu den wichtigsten Veränderungen im öffentlichen Leben zählten politische Versammlungen und Partizipationsmöglichkeiten. Dazu gehörten die Versammlungen im Distrikt bei der Wahl zu den Generalständen und nach der Einführung einer neuen Munizipalverfassung. Das neue Wahlrecht, das von der Konstituante (der verfassunggebenden Versammlung) eingeführt wurde, verlängerte diese Praxis und machte sie zum Regelfall. Die Sitzungen in Permanenz in den Sektionsversammlungen, die man sich politisch erobert und auch wieder verloren hatte, vermittelten dem einzelnen das Gefühl, an der Souveränität des Volkes zu partizipieren. Noch mehr galt dies für die Demonstrationszüge zum Konvent.

Eine intensivere Form der Politisierung und der Teilhabe an der politischen Öffentlichkeit bedeutete die Mitgliedschaft in einem politischen Klub oder in einer Volksgesellschaft. Das organisatorische Spektrum der Klubs reichte von intellektuellen Diskussionszirkeln über politisch-parlamentarische Vereinigungen mit geregelten Mitgliedsbeiträgen bis hin zu den wesentlich offeneren Volksgesellschaften (*sociétés fraternelles*). Auch die politische Bandbreite der Klubs erstreckte sich von der royalistischen Rechten bis hin zur basisdemokratischen Linken. Ihre Einrichtung, auch durch die Gruppierungen, die sich an traditionellen ständisch-monarchischen Herrschaftsformen orientierten, beweist die Funktionalität und breite Akzeptanz der neuen Form der politischen Vergemeinschaftung, die für die Kommunikation zwischen politisch gleichgesinnten Abgeordneten und der politischen Öffentlichkeit ebenso wichtig war wie für die Diskussion politischer Grundsatzfragen und aktueller Fragen. Allein die Tatsache, daß man hier frei und kontrovers über Verfassung und Menschenrechte, über Gerechtigkeit und über die Angemessenheit von Gesetzen sprechen konnte, bedeutete eine politische Revolution. Die Geschichte des Klubs der Jakobiner und auch der Cordeliers zeigt, daß Kommunikation auch Kontrolle der Verfassungsorgane bedeuten kann. Mit der Radikalisierung der Revolution sahen sich besonders die popularen Klubs zunehmend als Wächter der Revolution. Die basisdemokratisch orientierten Volksgesellschaften verstanden sich als Konkurrenz zu Verfassungsinstitutionen und praktizierten die Überwachung der revolutionären Gesinnung und Symbole. Das konnte bis zur Kontrolle der Kokarden und der Teilnahme an politischen Feiern reichen. Der Grundgedanke der Klubs, der sie mit der Tradition von Aufklärungsgesellschaften verband, war freilich die Einübung in den politischen Diskurs. Darüber hinaus wurden die Klubs Foren für die Profilierung und für die Machtsicherung politischer Führungskräfte. Der bekannteste und wirkungsmächtigste Klub war die «Gesellschaft für die Freunde der Verfassung», die sich im aufgelassenen Kloster der Jakobiner in der

Rue St. Honoré in Paris traf und von daher auch ihren Namen bekam. Die Stärke des Jakobinerklubs bestand in dem Netzwerk, das er mit Tochterklubs und einem Kommunikationsnetz von Zeitungen und Korrespondenzen über das ganze Land zog und das ihm auf diese Weise in organisatorischer Perspektive eine Beständigkeit über die verschiedenen Abspaltungen und politischen Verfassungswechsel hinweg sicherte. Der Mitgliedsbeitrag, der zwischen 12 und 24 Livres pro Jahr betrug, grenzte den Klub nach unten sozial ab und verhinderte, daß er sich, im Unterschied zu dem Klub der Cordeliers, dem «Volk» öffnete. Höhepunkt der Organisationstätigkeit und Mobilisierungskraft der Klubs waren die Jahre 1793/94. Zu diesem Zeitpunkt besaßen alle Städte über 4000 Einwohner einen Klub. Im Durchschnitt waren 15–30% der erwachsenen Männer einer Stadt in Klubs organisiert, bei Kleinstädten und Dörfern lag die Organisationsdichte freilich niedriger.

Auch die Frauenbewegung, deren frauenrechtlichen Forderungen seit 1789 zwar artikuliert waren, aber relativ wirkungslos blieben, profitierte von der Bewegung der politischen Klubs und ihrer zunehmenden Dynamisierung. Zwar konnte die Frauenbewegung mit etwa 60 revolutionären Klubs, die sich zwischen 1789 und 1793 im ganzen Land bildeten, längst nicht an die Organisationsdichte jener Klubs herankommen, die ausschließlich Männer als Mitglieder zuließen, aber die Tätigkeit erlaubte eine erste Politisierung einer Minderheit, meist in enger Verbindung mit Jakobinerklubs. Umgekehrt gelang es diesen Klubs auf Grund ihrer sozialen Rekrutierung und ihrer moderaten Praxis kaum, die breite soziale Unzufriedenheit von Frauen vor allem aus den städtischen Volksschichten zu mobilisieren. Eine Ausnahme bildete der Klub der «Revolutionären Republikanerinnen», die sich politisch enger an die Cordeliers anlehnten und anläßlich des Revolutionstags am 2. Juni 1793 in ihrem Auftreten gegen die Girondisten im Konvent auffielen. Bezeichnenderweise war es ihr Klub, der bei dem Kampf gegen die Fraktionen als erster aufgelöst wurde.

Eine wichtige Aufgabe fiel den Klubs bei der Vorbereitung von Wahlen zu; sowohl bei der Auswahl und öffentlichen Präsentation von Kandidaten wie bei der politischen Mobilisierung im Vorfeld von Wahlen. Daß sie diese Funktion übernehmen konnten, lag in der spezifischen Organisation und Aufgabe von Wahlen. Die Einführung des Wahlprinzips, das für alle Ämter von der Gemeindeebene bis zum Abgeordneten der Nationalversammlung gelten sollte, von 1789 bis zum Konsulat – also bis zur Einführung des von drei Beamten nach dem Staatsstreich von Napoleon (9.11.1799) kollegial wahrgenommenen Amtes in Frankreich – ungebrochen existierte und die politische Willensbildung mitbestimmte, war die andere Neuerung, die die Revolution im politischen Leben brachte und je nach Wahlordnung und Zensus alle Männer oder nur die schmale Gruppe der Aktivbürger in die politische Teilhabe einbezog. Da auch die Amtsperioden der Gewählten relativ kurz waren, kam es in den zehn Jahren der Wahlpraxis zu einer Kumulierung der Wahlgänge. Etwa zwanzig Wahlen standen in dieser Zeit landesweit an. Vor allem aber stellte die Wahl die symbolische Repräsentation der Souveränität des Volkes und die politisch-praktische Konsequenz der Herrschaft der Verfassung dar. Wenn die tatsächlichen Demokratisierungseffekte der Wahlen und damit die politische Umsetzung ihres eigentlichen Anspruchs gering waren, dann lag das weniger an der Begrenzung der Wahlberechtigung durch eine Zensusregelung, die überdies 1793 vorübergehend aufgehoben wurden, ohne daß die Montagnards, die die Öffnung durchgesetzt hatten, davon Gebrauch machten, weil sie unter Berufung auf den Notstand die Verfassung suspendierten und damit auch für knapp zwei Jahre alle Wahlen aussetzten. Auch die relativ geringe Wahlbeteiligung, die zwischen 50% bei den ersten Kommunalwahlen und durchschnittlich 25% bei den übrigen Wahlen lag, spricht grundsätzlich nicht gegen den Demokratisierungseffekt. Entscheidender war vielmehr das Wahlverfahren, das auf die Individualisierung und damit auch auf die Isolierung des einzelnen Wahlbürgers gerichtet war. Das Motiv dafür lag in dem allgemeinen Bemühen, alle ständisch-korporativen Schranken und Bindungen abzustreifen und auch Wahlversammlungen wie Wahlverbindungen zu vermeiden. Die Praxis des Wahlverfahrens bedeutete jedoch kaum eine Innovation, sondern hatte die paradoxe Wirkung, daß damit herkömmliche gestufte Auswahlverfahren, denen etwas Undurchsichtiges anhaftete, weiter praktiziert wurden und daß die informelle Fortexistenz alter korporativer Bindungen geradezu herausgefordert werden mußte. Gewählt wurde in einer Primärversammlung ohne vorherige Kandidatenpräsentation und ohne Diskussion. Um eine Kandidatenzersplitterung zu vermeiden, waren mindestens drei Wahlgänge vorgeschrieben, oft kam es zu wesentlich mehr Urnengängen. Die Primärwahlen sollten überdies in Kantonsstädten stattfinden, was für viele Wähler eine umständliche und aufwendige Anreise erforderlich machte, die viele schon von vornherein von der Wahl abhielt, zumal dann noch ein zeitaufwendiges langatmiges Wahlverfahren drohte. Wenn man die Kandidaten, die nur individuell zur Wahl standen, kennenlernen und auswählen wollte, spielten informelle und traditionelle Bindungen und Orientierung bei der Entscheidung eine um so größere Rolle. Schließlich mußte das Wahlverfahren das politische Leitideal der Einmütigkeit und der Gleichheit sichtbar in Frage stellen, denn Wählen bedeutete Unterscheiden; bedeutete die sichtbare Ausbildung neuer mobiler politischer und sozialer Eliten und verfestigte die tief in der populären Mentalität angelegte Vorstellung vom Komplott einflußreicher Kreise. Diese Vorurteile und die Tatsache, daß Wiederwählbarkeit ausgeschlossen war, verhinderte die Bildung einer in ihrer Form transparenten und stabilen politischen Führungsschicht.

Politische Führungsauslese vollzog sich sehr viel mehr über politische Klubs, denen angesichts des kaum praktikablen Wahlverfahrens eine besondere Bedeutung bei der Meinungsbildung und der Kandidatenauswahl zukam – freilich im Zusammenwirken mit der Presse und oft in Konfrontation mit den radikalen Sektionen der Sansculotterie in den Städten.

Abb. 7: Die Zeichen der Freiheit und der Legitimationsstifter.
Jean-Jacques Rousseau und die Symbole der Revolution

8.3. Eine Medienrevolution

Die Französische Revolution war zudem eine Medienrevolution. Die Vielfalt und die soziale Breitenwirkung der Presse, aber auch ihre größere Aktualität und Aggressivität waren eine neue Erscheinung im öffentlichen Leben; im Unterschied zum Ancien Régime erschienen die Zeitungen häufiger, also in der Regel wöchentlich und nicht mehr monatlich. Sie waren darum aktueller und steigerten ihre Auflage während der Revolutionszeit. Der «Mercure de France» hatte im späten 18. Jahrhundert eine Auflage von 3000 bis 5000 Exemplaren; in der Revolution stieg diese auf etwa 15 000. Dieselbe Höhe erreichte die Zeitung «Révolutions de Paris», übrigens das erste Blatt, das den Begriff der Revolution in seinen Titel aufnahm. Die Presse war *das* Medium der Revolution mit herausragender Bedeutung für Information und Kommunikation. Vor allem waren die neuen Blätter sehr viel politischer als ihre vorrevolutionären Vorläufer. Sie waren von großer Bedeutung für die Politisierung der Öffentlichkeit und spiegelten das politische Meinungsspektrum. Ebenso entscheidend war der publizistische Einsatz eines Meinungsblattes oder dessen Herausgabe für den Aufstieg und die Profilierung politischer Führungskräfte, die oft ihre politische Karriere und ihre politische Wirkungskraft ihrer Zeitung verdankten. Zeitungen hatten sie groß gemacht, allerdings auch rasch wieder scheitern lassen. Vierhundert Periodika, manchmal auch sehr kurzlebige, erschienen in Paris und 80 in der Provinz. Die meisten von ihnen konzentrierten ihre Berichterstattung auf die Sitzungen der Nationalversammlung und auf den politischen Fortschritt bzw. die Hindernisse, die sich der Politik auftaten. Daneben gab es Anekdoten, Skandale und Denunziationen. Die Presse war Informationsquelle für die politische Öffentlichkeit und für die Klubs, umgekehrt auch Produkt und Kristallisationskern für politische Gruppen. Der Bürger las seine Zeitung zu Hause, im Klub und im Café, das zum Resonanzboden der politischen Diskussion wurde. Man war nicht ausschließlich auf eine bestimmte Zeitung fixiert, sondern liebte die Abwechslung. Freilich gab es eine Rangliste der Auflagenhöhen.

Neben dem gedruckten Wort wurde auch das Bild zum Meinungsträger. Auch die Bildpublizistik erlebte eine «nicht minder grundlegende Revolution» (Reichardt). Eine neue Schicht von Verlegern und Graveuren siedelte sich in der Nähe des politischen Geschehens an und versuchte es in der «neuen, schnelleren Technik der Radierung festzuhalten, zu kommentieren, ja agitatorisch voranzutreiben» (Reichardt). Bildflugblätter erreichten eine hohe Auflage, aber auch viele Zeitungen brachten auf dem Titelblatt eine Vignette, eine Karikatur oder einen größeren Stich, der eine politische Botschaft visualisierte oder aktualisierte. Daneben gab es Bildflugblätter und Bilderbögen, die sich aus mehrseitigen Bildfolgen zusammensetzten und in der Abfolge von Karikaturen und Zeichnungen eine Art revolutionärer Bildergalerie produzierten. Am erfolgreichsten waren die «Tableaux historiques de la Révolution Française», die die revolutionären Ereignisse in regelmäßiger Folge darstellten und mit sprachlichen wie mit ästhetischen Mitteln kommentierten. Neben den Ereignissen wurden die handelnden Personen des Revolutionsdramas abgebildet, wurden Massenszenen, Revolutionsfeste und Aufstände einem Publikum präsentiert, das sich eine Vorstellung von den epochemachenden Vorgängen machen wollte. Dabei leisteten die Bildmedien einen nicht unbeträchtlichen Anteil, weil sie es waren, die abstrakte politische Begriffe visualisierten und sinnlich erfahrbar machten. Bevorzugte Themen waren neben den großen revolutionären Ereignissen und Personen die Deutung der Revolution als Zeitenwende, die Kritik am Ancien Régime und an gesellschaftlicher Ungleichheit, ferner die Versinnbildlichung und damit Verbreitung abstrakter politischer Normen. Symbole der Revolution wie die Freiheitsgöttin, der Altar des Vaterlandes, die Gesetzestafeln der Verfassung, die symbolischen Zeichen des Aufbruchs und der Volkssouveränität wurden oft in allegorischer oder in karikaturenhafter Form dargeboten. Die Bildautoren bedienten sich in ihrer Bildpublizistik oft einer überkommenen Bildsprache, vielfach in Form von Allegorien, um diese dann mit aktuellen Bildzeugnissen, Symbolen und Bildunterschriften der Gegenwart anzupassen und dem Betrachter eine Deutung der Ereignisse zu liefern.

Die antike Figur des Herkules, von jeher Symbol der Autorität und Kraft des monarchischen Herrschers wurde beispielsweise in einen Herkules der Sansculotten umgedeutet, der in seinem wilden Auftreten die revolutionäre Kraft des neuen Souveräns zum Ausdruck bringen sollte. Es war ein Prozeß der ästhetischen Aneignung und Umdeutung, der uns auch in der Liturgie der Revolutionsfeste begegnet.

Wie groß die Nachfrage nach einer aktuellen und vereinfachenden Bildpublizistik war, zeigt die verlegerische Erfolgsgeschichte der «Tableaux historiques», die in mehreren Versionen auch in den Nachbarländern Belgien, den Niederlanden und in Deutschland verbreitet wurden, dann freilich den Sehgewohnheiten und Erfahrungen der Nachbarkulturen angepaßt.

8.4. Die Selbstdarstellung der Revolution: die Feste der Revolution

Ein multimediales Ereignis von politisch und propagandistisch herausgehobener Bedeutung waren die Revolutionsfeste, die in Erinnerung an Empfehlungen von Rousseau gleichsam den emotionalen Kitt für den Zusammenhalt der neuen Ordnung und für die Begründung der neuen Gesellschaft liefern sollten. Auch die Feste waren in ihrer Liturgie wie in ihrem Medieneinsatz an Bildern und Ritualen ein Amalgam verschiedener Traditionen und Umdeutungen. Sie knüpften an religiöse Feiern und Liturgieformen an, um freilich intentional eine immer größere Verweltlichung und Distanz zu Religion und Kirche aufzubauen. Doch auch dieser Vorgang der Säkularisierung und Entchristlichung geschah nicht ohne Anleihen bei religiösen Formen und Ritualen. Der Eid auf die Verfassung als zentrales Element der neuen politischen Gesinnung und Integration lehnte sich ebenso an eine traditionelle christliche Formensprache an, wie die kirchliche Prozession mit ihren Altären und Symbolfiguren Vorbild für die Umzüge der Revolution, auch und vor allem nach dem 10. August 1792 war.

Die ersten Feste der Revolution waren spontan. Sie waren ganz in der vormodernen volkskulturellen Tradition zwischen

Fest und Revolte angesiedelt. Das gilt für das Niederreißen der Zollbarrieren und -häuser, die teilweise von bedeutenden klassizistischen Architekten wie Ledoux und Boullé errichtet worden waren und deren Architektur von der späteren Kunstgeschichte als Revolutionsarchitektur gefeiert werden sollte. Das gilt auch für die ersten Feste der Kommunalrevolution im Sommer 1789. Im August 1789 wurden die Sieger der Bastille gefeiert – ein Fest verbunden mit einer Fahnenweihe. Ein Jahr später erlebten Paris und Europa das erste große Revolutionsfest zur Erinnerung an den 14. Juli 1789, das zum Fest der nationalen Einheit und durch die Teilnahme von Delegationen aus den Departements zum Gründungsfest der föderierten Nation werden sollte. Dem politischen Anspruch der Einheit entsprach die synthetisierende Zeremonie und Formensprache. Vertreter aller Stände waren beteiligt, kirchliche und monarchische Elemente wurden mit neuen politischen Inhalten versehen: der Altar des Vaterlandes, die Eidleistung auf die Nation, die festliche Kleidung geschmückt mit den unvermeidlichen Kokarden der Bürgergesellschaft. Dazu die Nationalgarde als Garant der bürgerlichen Ordnung und die Bürger bewaffnet mit Piken, die zu einem Attribut der Sansculotten werden sollten. Bald kam die Trikolore als nationales Symbol hinzu, ebenso die Freiheitsgöttin mit phrygischer Mütze, die man auf ersten Zeichnungen in Pariser Salons Ende 1789 entdecken konnte. Noch später, seit 1792, kam die allegorische Figur der Gleichheit und des Volkes, meist in Gestalt des Herkules, dazu. Auch die junge Republik entwickelte ein eigenes Festprogramm, das ikonographisch und inszenatorisch von Jacques-Louis David entworfen wurde und in seiner allegorisch-symbolischen Dichte und Didaktik nur durch schriftliche Erklärungen nachvollziehbar war, die vorab schon dem Konvent zur Billigung vorgelegt wurden. Wieder waren die Aneignung der Tradition einschließlich der städtischen Topographie, die ihre eigene Symbolsprache besaß, und die Umdeutung durch die Revolution beherrschende Merkmale der Inszenierung.

Die Absicht war eindeutig: Die Feste dienten der Selbstdarstellung der Revolution und ihres neuen Wertesystems, bestimmt von den abstrakten Prinzipien der Freiheit, der Nation und der

Verfassung, die sinnlich erfahrbar und kommunizierbar gemacht werden mußten. Mit der Durchsetzung der Revolution wuchs das Bedürfnis nach Festigung einer jungen Tradition und nach Erinnerung. Die Revolution entwickelte bald einen eigenen Festkalender, dessen Stationen zugleich der Feier spezifischer Normen und prägender Ereignisse der Revolution dienen sollten. Mit dem Wandel der politischen Verfassungen und der Deutung zentraler Ereignisse der Revolutionsgeschichte veränderten sich auch Modus und Funktion einzelner Feste. Zum Kernbestand sollte immer die Feier des 14. Juli gehören. Das Fest der Einheit und Verbrüderung zum 10. August 1792 hingegen sollte in der Zeit des Direktoriums (neue Regierungsform nach dem Ende der Terreur 1794/95) ebenso verschwinden wie das Fest des Höchsten Wesens vom 8. Juni 1794. Während des Direktoriums wurde die revolutionäre Programmatik im Festkalender verdrängt bzw. umgedeutet; aus dem Föderiertenfest des 14. Juli, das allzusehr an die Gewaltausbrüche des Jahres 1792 erinnerte, wurde das Fest der Freiheit. Die öffentlichen Inszenierungen und Erinnerungsfeiern sollten in reiner Form darstellen, was die Politik des Nach-Thermidors nur mit erheblichen Anstrengungen und Mißerfolgen bewerkstelligen konnte: das Vergessen und die Beendigung der Revolution.

9. Die Revolution wird beendet 1795–1799

Der Sturz Robespierres am 9. Thermidor wurde allgemein als Zeichen für das Ende einer langen Phase der politischen Radikalisierung und der Gewalt verstanden und begrüßt. Mit dem 9. Thermidor war die innere Dynamik des revolutionären Radikalisierungsprozesses gebrochen. Die Auseinandersetzung zwischen revolutionärer Rhetorik und politischer Macht war zugunsten der letzteren entschieden. Nun folgte die Rückkehr zu Positionen der gemäßigten, liberalen Verfassungsrevolution.

Das politische Schlagwort, das bald zur Charakterisierung der Veränderungen in Gebrauch kam, nämlich der Begriff der *Reaktion*, beschreibt diesen Prozeß nur sehr unzureichend, wenn er sich, wie in zeitgenössischen Wörterbüchern definiert, auf den Versuch der Rache und des Nicht-Vergessenkönnens bezieht.

Zwei Tage nach dem Ende des Regimes wurde bereits der Begriff der Terreur zur Charakterisierung dessen geprägt, was gerade vergangen war. Thermidor implizierte über kurz oder lang auch das Ende der Revolution, denn die politische Zäsur und Ernüchterung gaben einem neuen Anlauf zur Stabilisierung der Verfassungsordnung eine gute Voraussetzung. Allerdings war das nach den politischen Kräfteverhältnissen und politisch-sozialen Interessen der wichtigsten Akteure nur unter zwei Bedingungen möglich: Die Republik mußte erhalten bleiben, nur die Elemente der Instabilität – das waren die Jakobiner und Sansculotten – mußten unterdrückt werden. Die Ratio des Krieges, die die Anhänger von Brissot in der Verteidigung der Freiheit gegen die europäischen Despoten und der Eröffnung eines Krieges zur Befreiung der Völker gesehen hatte, mußte umgewandelt werden in einen Krieg der Eroberung im Namen der Grande Nation.

9.1. Die Politik des Vergessens und ihr Scheitern

Zunächst versuchte die Politik derer, die überlebt hatten und die sich selbst von aller Verantwortung für die Terreur durch eine Politik des Vergessens und des Neuanfangs freimachen wollten, auf eine Wiederherstellung der Autorität des Parlaments auf Kosten der Revolutionsausschüsse. Zu diesem Zweck sollten auch die Girondisten wieder in den Konvent aufgenommen werden; Neuwahlen waren erst für die Zeit nach der Verabschiedung einer neuen Verfassung vorgesehen. Ein neuer Wohlfahrtsausschuß sollte nur noch für Krieg und Außenpolitik zuständig sein. Die übrigen Ausschüsse sollten aufgelöst, die Kompetenz des Revolutionstribunals beschränkt werden. Umgekehrt sollten die Partisanen der Terreur verhaftet und vor Gericht gestellt werden. Wichtiger Schritt zur politischen Beruhigung sollte schließlich die Schließung des Jakobinerklubs und der Sektionen sein.

Die neue Verfassung sollte den Erfahrungen der Herrschaft des Parlaments und seiner Ausschüsse insofern entgegenwirken, als durch ein Zweikammersystem ein Instrument des Ausgleichs in die Verfassung eingefügt, die Regierung wieder vom Parlament getrennt und einem fünfköpfigen Direktorium übertragen werden sollte. Nicht die Monarchie wollten die Thermidorianer restaurieren, sondern eine gemäßigte Republik begründen und festigen. Was sie ablehnten, war die radikale Demokratie, die direkte Herrschaft des Volkes ohne intermediäre Gewalten. Das war die Erfahrung, die Sièyes – einer der bedeutendsten Theoretiker der Französischen Revolution – aus den Jahren 1792 bis 1794 gezogen hatte und die ihn zum Vordenker des Thermidor und Direktoriums machen sollte.

Die Kluft zwischen deklatorischem Anspruch und der Verwirklichung der Politik der Stabilisierung ließ sich in den folgenden Jahren nicht schließen, sondern brach immer wieder auf. Das hatte mehrere Gründe: Einmal ließen sich städtische Volksbewegung und Jakobiner nicht einfach verdrängen, und die antijakobinische Regierungspolitik, die in ihrem Kampf gegen Klubs und Sektionen teilweise auf Methoden der Terreur zurückgriff, rief neue Aufstände und die egalitäre Verschwörung des Gracchus Babeuf hervor. Zum anderen gelang es der neuen Verfassung nicht, institutionell und politisch die Erinnerung an die Jahre zuvor und die Erwartungen einer Stabilisierung einer bürgerlichen Ordnung miteinander zu versöhnen. Drittens tauchten royalistische Kräfte auf, die den labilen Verfassungskompromiß durch Aufstände und Verschwörungen ihrerseits gefährdeten.

Herausgefordert von der antijakobinischen Regierung mobilisierten die Revolutionsklubs und die Pariser Sektionen, nachdem sie sich von der Irritation durch den Sturz Robespierres erholt hatten, ihre bewährten Techniken der Propaganda und Sammlung. Man produzierte Flugblätter, rief zu illegalen Versammlungen auf und richtete Protestschreiben an den Konvent. Die anhaltende Versorgungskrise führte vor diesem Hintergrund der Enttäuschung und Unzufriedenheit zu zwei neuen Volksaufständen vom Germinal und Prairial des Jahres III. Demonstrationszüge der Sansculotten zogen wieder, zunächst am 1. April 1795, von den Faubourgs in Richtung Konvent, wo sie von regierungstreuen Truppen zurückgeschlagen wurden. Der schon traditionelle zweite Anlauf am 20. und 23. Mai 1795 fand einen größere Resonanz, eine bessere Organisation und eine größere Wirkung. Etwa 20 000 bewaffnete Sansculotten umstellten den Konvent und forderten ein Wirtschafts- und Politikprogramm, das an die Forderungen nach Brot der Jakobinerzeit anknüpfte, zugleich aber mit der Forderung nach der Einführung der Verfassung von 1793 eine eigene Traditionslinie unabhängig von der Erinnerung an den Wohlfahrtsausschuß aufbauen wollte. Seither wurde die nie in Kraft getretene Verfassung von 1793 zum Kristallisationspunkt linker, neojakobinischer Politik.

Das Scheitern des Prairial-Aufstandes, der mit militärischer Gewalt niedergeschlagen wurde, war aber nicht der ersehnte politische Wendepunkt, sondern mobilisierte die Volksbewegung aufs Neue und führte zur Bildung neuer Klubs, die zum Teil im Untergrund agierten. Darunter war vor allem die Geheimgesellschaft unter Führung des Sozialrevolutionärs Gracchus Babeuf, der bislang in der Revolution eher die Rolle eines radikalen Beobachters und untergeordneten Aktivisten gespielt hatte und nun versprengte Jakobiner in einem «Geheimen Wohlfahrtsdirektorium» versammelte, eine radikaldemokratische und sozialegalitäre bzw. frühsozialistische Programmatik entwickelte und die Vorbereitungen für den Aufstand einer Geheimarmee mit dem Ziel betrieb, eine provisorische Revolutionsregierung mit diktatorischer Kompetenz an die Macht zu bringen, die als revolutionäre Avantgarde eine egalitäre Gesellschaft aufbauen sollte. Babeufs Verschwörung der Gleichen wurde verraten, die Verschwörer wurden am 10. Mai 1796 verhaftet und nach einem dreimonatigen Schauprozeß, mit dem das Direktorium die eigene Wachsamkeit und Ordnungskraft demonstrieren wollte und der aus Sicherheitsgründen in Vendôme im Departement Loir-et-Cher stattfand, hingerichtet.

Die Verfassung, die am 22. August 1795 verabschiedet worden war, setzte vor allem auf die Gewaltenteilung und führte ein Zweikammersystem ein. Die Kriterien für die Bildung der Kammern stammten jedoch weder aus dem englischen Verfassungsdenken noch aus dem Versuch, nach Vermögensrängen zu differenzieren. Man bildete einen «Rat der Alten» von 250 Mitgliedern, die mindestens vierzig Jahre alt und entweder verheiratet oder verwitwet sein sollten. Daneben gab es den Rat der Fünfhundert, dessen Mitglieder mindestens dreißig Jahre alt sein sollten; dahinter stand die Annahme, daß Alter und Ehestand Voraussetzung für politische Besonnenheit wären. Der Gefahr eines abrupten politischen Wechsels wollte man zudem dadurch begegnen, daß immer ein Drittel der Mitglieder jeder Kammer jährlich zu erneuern waren. Die Exekutivgewalt sollte in den Händen eines Kollegiums, des fünfköpfigen Direktoriums liegen. Dessen Mitglieder sollten von den Kammern gewählt werden. In der Praxis wurde die Verfassung bereits durch die häufigen Schwankungen bei den Wahlen, die einmal eine konservative, dann wieder eine linke Mehrheit erbrachten und durch Wahlmanipulationen seitens der Direktoren einen zusätzlichen Glaubwürdigkeitsverlust erlitten, erheblich geschwächt.

9.2. Retten und Bewahren

Alles war auf den Versuch ausgerichtet, eine Republik mit einer normalen Funktionsweise von repräsentativen Institutionen zu gründen.

Doch sollte sich bald herausstellen, daß die verfassungsmäßige Ordnung nicht gegen den Willen der politischen Bewegungen und Machtgruppen, aber auch nicht gegen die Erinnerung herzustellen war.

Der Machtkampf zwischen der bürgerlichen Mitte, den Nachfolgern der Jakobiner und den Konservativen, die zur Monarchie tendierten, war vor dem Hintergrund sozialer Krisen und des Krieges nicht einzudämmen und in ein Verfassungsleben einzufügen, das noch nicht auf den Gedanken des Pluralismus und des Ausgleichs gerichtet war.

Statt dessen prallten die Fronten und Lager unversöhnlich aufeinander. Junge Bürger, von der Angst der Terreur-Phase befreit, suchten als *jeunesse dorée* nicht nur in auffälligem Auftreten und auffälliger Kleidung ein Gegengewicht zur Zeit der jakobinischen Askese zu schaffen und zu leben, sondern sie machten gerne «Jagd» auf Sansculotten und ehemalige «Terroristen». Das alltägliche Leben war von Symbolkämpfen zwischen Jakobinern und Gemäßigten, die sich rasch auch als Revolutionsfeinde definierten, bestimmt.

Vor allem der politische Freiraum nach rechts war geöffnet und diese Tendenz wurde durch die Abschaffung jakobinischer Einrichtungen bzw. die Wiedereinführung des religiösen Kultes politisch verstärkt.

Bald gerieten die Direktoren durch die politische Reaktion von rechts in Bedrängnis. Im Oktober 1795 kam es zu einem Putschversuch von Monarchisten, der allerdings nicht die erhoffte Unterstützung durch die unruhigen städtischen Volksmassen fand. Dabei zeichnete sich der junge Offizier Napoleon Bonaparte, der eben noch stellungslos war, als energischer Bürgerkriegssoldat aus, der auch mit Kanonen auf Aufständische schießen ließ.

Um dem drohenden Rechtsruck zuvorzukommen, führten die Direktoren ihrerseits am 4. September 1797 einen Staatsstreich durch und ließen 53 Abgeordnete und zwei Direktoren deportieren. Dies war die sichtbare Bankrotterklärung der Repräsentativverfassung. Daran änderte auch die Gegenaktion des Parlaments am 18. Juni 1799 nichts mehr, das durch Neuwahlen gestärkt nun eine linke Mehrheit erhalten hatte und sich durch die Absetzung von drei konservativen Direktoren revanchierte. Ein Ausgleich zwischen den verfeindeten Blöcken war nicht mehr herzustellen, die Revolution auf diesem Weg nicht zu beenden.

Es sollte schließlich ein siegreicher Revolutionsgeneral, Napoleon Bonaparte, sein, der mit Hilfe von führenden Thermidorianern um Sièyes im Staatsstreich vom 18. Brumaire (9. November 1799) das Direktorialregime ersetzte und selbst dessen Nachfolge antrat. In seiner Proklamation vom 15. Dezember verkündete er den Anspruch seiner autoritären Herrschaft, nämlich die Revolution zu beenden und ihre Ergebnisse zu bewahren. «Citoyens, die Revolution ist fest den Prinzipien verbunden, von denen sie ihren Ausgang genommen hat. Sie ist beendet.» Indem sich Napoleon mit der Revolution nach außen identifizierte, andererseits sich den Mantel des militärischen Helden und charismatischen Retters überwarf, deutete sich ein mittlerer Weg an, der freilich bald durch den persönlichen Ehrgeiz und die Fortsetzung des Krieges verlassen werden sollte. Napoleon hat nur Teile des Erbes von 1789 bewahrt, vor allem die bürgerlichen Errungenschaften der Revolution, von der Rechtsgleichheit bis zur Eigentumsverfassung. Er gab die politisch-partizipativen Elemente auf und ersetzte die politische Freiheit und Mitsprache durch einen plebiszitären Scheinparlamentarismus, wie er sich schon im Direktorium angekündigt hatte. Vor allem vollendete er die administrative Zentralisierung, die durch die Jakobiner bereits eine Stärkung erfahren hatte, und führte sie auf den Weg des Polizeistaates. Er festigte die Selbstdarstellung der Grande Nation und erweiterte sie um militärisch-imperiale Züge, die sich ebenfalls im Direktorium angekündigt hatten. Damit war die Verfassungsgeschichte der Revolution um eine weitere Variante und Erfahrung erweitert, nämlich um die cäsaristisch-bonapartistische. Sie sollte freilich durch ihre widersprüchliche Verbindung von revolutionären und monarchischen Elementen, von innerer Stabilisierung und ungebremster militärischer Expansion am Ende gleichfalls scheitern. Die Epoche der Französischen Revolutionen war mit dem Ende des Empire und der darauf folgenden Restauration der Bourbonenkönige, Ludwig XVIII. und Karl X., den jüngeren Brüdern von Ludwig XVI. noch nicht zu Ende, sondern erlebte eine neue Etappe im 19. Jahrhundert, markiert durch die Revolutionen von 1830, 1848 und 1871, bis schließlich in der Dritten Republik ein Gleichgewicht zwischen Politik und Gesellschaft hergestellt werden sollte. Erst jetzt sollten sich die Veränderungen in den wirtschaftlichen und gesellschaftlichen Formen durchsetzen, die von der Revolution von 1789 angestoßen und vorbereitet worden waren. Wenn die Revolution von

1789 aber dennoch sehr viel früher in das Bewußtsein der Zeitgenossen als «große» Revolution einzog, dann waren es vor allem die sehr viel kurzfristiger und nachhaltiger wirkenden Veränderungen in der politischen Kultur, die die neue Zeit eröffnet haben.

Zeittafel

1787

22. Februar	Eröffnung der Notabelnversammlung in Versailles
Juni–August	Pariser Parlament verweigert Registrierung der königlichen Reformen

1788

21. Juli	Vorrevolutionäre Ständeversammlung in Vizille
8. August	Einberufung der Generalstände für den 1. Mai 1789
26. August	Berufung von Necker zum Generaldirektor der Finanzen
27. Dezember	Entscheidung des Staatsrates über die Verdoppelung des Dritten Standes

1789

24. Januar	Beginn der Wahlen zu den Generalständen
Januar	Sieyès veröffentlicht «Was ist der Dritte Stand?»
Februar–Mai	Brotunruhen. Abfassung der Beschwerdehefte
28. April	Réveillon-Aufstand in Paris
5. Mai	Eröffnung der Generalstände in Versailles
17. Juni	Der Dritte Stand erklärt sich zur Nationalversammlung
20. Juni	Schwur im Ballhaus
27. Juni	Auf königlichen Befehl schließen sich Adel und Klerus der Nationalversammlung an
9. Juli	Nationalversammlung erklärt sich zur Verfassunggebenden Versammlung
14. Juli	Sturm auf die Bastille
15. Juli	Bailly Bürgermeister, Lafayette Befehlshaber der Nationalgarde
20. Juli	Grande Peur auf dem Lande
Juli–August	Munizipalrevolution
4. August	Abschaffung der Feudalrechte und Privilegien
26. August	Erklärung der Menschen- und Bürgerrechte
5./6. Oktober	Zug der Frauen nach Versailles. Hof und Nationalversammlung werden nach Paris verlegt
2. November	Verstaatlichung der Kirchengüter
19. Dezember	Gesetz über die Ausgabe von Assignaten
22. Dezember	Aufteilung Frankreichs in 83 Departements

1790

13. Februar	Aufhebung der Klöster
27. April	Gründung des Klubs der Cordeliers
19. Juni	Abschaffung des Adels
12. Juli	Zivilverfassung des Klerus
14. Juli	Föderationsfest
16. August	Abschaffung der Feudalgerichte
6. September	Auflösung der Parlamente
27. September	Verfassungseid der Geistlichen

1791

2. März	Abschaffung der Zünfte und Korporationen
2. April	Tod Mirabeaus
14. Juni	Gesetz Le Chapelier gegen Arbeiterkoalitionen und Streiks
20./21. Juni	Fluchtversuch der königlichen Familie scheitert in Varennes
16. Juli	Spaltung des Jakobinerklubs. Gründung des Klubs der Feuillants
17. Juli	Blutige Niederschlagung einer antimonarchischen Demonstration auf dem Marsfeld durch Nationalgarde
Juli	Emigration des Grafen der Provence
27. August	Österreichisch-preußische Deklaration von Pillnitz
3. September	Verabschiedung der Verfassung
12. September	Anschluß von Avignon an Frankreich
14. September	Eidesleistung des Königs auf Verfassung
1. Oktober	Eröffnung der Legislative
20. Oktober	Brissot eröffnet Propaganda für den Krieg

1792

Januar–März	Unruhen in Paris und auf dem Land wegen Versorgungsschwierigkeiten und Teuerungen
15. März	Berufung von girondistischen Ministern
20. April	Kriegserklärung Frankreichs an Österreich
25. April	Erster Einsatz der Guillotine
Mai	Militärische Niederlagen Frankreichs an Nordgrenze
12. Juni	Entlassung der girondistischen Minister
20. Juni	Massendemonstrationen gegen den König in Tuilerien
11. Juli	Ausrufung des nationalen Notstandes
25. Juli	Manifest des Herzogs von Braunschweig
10. August	Erstürmung der Tuilerien, Suspendierung des Königtums
	Gefangennahme der königlichen Familie im Temple

11. August	Bildung eines provisorischen Vollzugsrates. Danton wird Justizminister. Einberufung eines Nationalkonventes
2.–6. September	Gefängnismassaker
20. September	Auflösung der Legislative. Kanonade von Valmy
21. September	Eröffnung des Konventes. Abschaffung des Königtums
	Proklamation der einen und unteilbaren Republik
22. September	Beginn des Jahres I der Französischen Republik
27. September	Sieg der Revolutionstruppen in Savoyen
10. Oktober	Ausschluß von Brissot aus Jakobinerklub
21. Oktober	Eroberung von Mainz
6. November	Französischer Sieg bei Jemappes
11. Dezember	Beginn des Prozesses gegen Ludwig XVI.

1793

21. Januar	Hinrichtung Ludwigs XVI.
1. Februar	Kriegserklärung an England und die Niederlande
24. Februar	Erlaß über die Aushebung von 300 000 Freiwilligen
25./26. Februar	Ladensturm in Paris
10. März	Bildung des Pariser Revolutionstribunals
11. März	Beginn der gegenrevolutionären Aufstände in der Vendée
18. März	Französische Niederlage in Belgien
6. April	Bildung des Wohlfahrtsausschusses
4. Mai	Erlaß über das «kleine» Maximum
10. Mai	Gründung der Gesellschaft der Revolutionären Republikanerinnen
31. Mai–2. Juni	Aufstand der Pariser Sansculotten. Verhaftung führender Girondisten
25. Juni	Jacques Roux verliest im Konvent das «Manifest der Enragés»
Juli	Beginn der Föderalistenrevolte
10. Juli	Danton scheidet aus Wohlfahrtsausschuß aus
13. Juli	Ermordung von Marat durch Charlotte Corday
17. Juli	Entschädigungslose Abschaffung aller feudalen und grundherrlichen Rechte
27. Juli	Wahl Robespierres in den Wohlfahrtsausschuß
10. August	Verkündung der republikanischen Verfassung
23. August	Einführung der Wehrpflicht für ledige Männer
25. August	Eroberung des aufständischen Marseille durch Truppen des Konventes
27. August	Besetzung von Toulon durch Engländer
4./5. September	Aufstandsversuch der Sansculotten gegen Konvent
17. September	Gesetz gegen die «Verdächtigen»

29. September	Einführung des «großen» Maximums
5. Oktober	Einführung des republikanischen Kalenders
9. Oktober	Eroberung des aufständischen Lyons durch Truppen des Konventes
10. Oktober	Bildung der «Revolutionsregierung»
16. Oktober	Sieg über die Österreicher bei Wattignies. Hinrichtung von Marie Antoinette
30. Oktober	Verbot von Frauenklubs
31. Oktober	Hinrichtung führender Girondisten
10. November	«Fest der Freiheit und der Vernunft» in Notre Dame
23. Dezember	Sieg über die aufständischen Truppen in der Vendée Massenhinrichtung in Nantes

1794

4. Februar	Abschaffung der Sklaverei in den Kolonien
24. März	Hinrichtung Héberts und seiner Anhänger
5. April	Hinrichtung Dantons und seiner Anhänger
20./23. Mai	Anschläge auf Collot d'Herbois und Robespierre
8. Juni	Fest des «Höchsten Wesens»
10. Juni	Beginn der Großen Terreur
26. Juni	Sieg der Revolutionstruppen gegen Österreich bei Fleurus
27./28. Juli	Sturz und Hinrichtung Robespierres und seiner Anhänger Beginn der Herrschaft der Thermidorianer
September–Oktober	Eroberung des Rheinlandes. Beginn des «Weißen Terrors» gegen Jakobiner und Sansculotten in ganz Frankreich
22. November	Schließung des Jakobinerklubs
8. Dezember	Rückkehr der Girondisten in den Konvent
24. Dezember	Abschaffung der Maximum-Dekrete

1795

Januar	Eroberung der Niederlande
1. April	Sansculotten-Aufstände für «Brot und Verfassung von 1793»
5. April	Friedensschluß mit Preußen in Basel
16. Mai	Gründung der Batavischen Republik (Niederlande)
20.–23. Mai	Prairial-Aufstand der Sansculotten in Paris
31. Mai	Abschaffung des Revolutionstribunals
23. September	Verkündung der Direktorialverfassung
5. Oktober	Royalistischer Vendemiaire-Aufstand in Paris wird von Bonaparte niedergeschlagen
26. Oktober	Auflösung des Konventes

31. Oktober	Bildung des ersten Direktoriums
16. November	Gründung des jakobinisch-babouvistischen Pantheonklubs

1796

19. Februar	Abschaffung der Assignaten
März–April	Siegreicher Feldzug Bonapartes in Norditalien
10. Mai	Verhaftung Babeufs und seiner Anhänger
16. Oktober	Proklamation der Cispadanischen Republik in Italien

1797

4. Februar	Ende der Papierwährung und Rückkehr zum Hartgeld
März–April	Wahlsieg konservativer und gegenrevolutionärer Kräfte
27. Mai	Hinrichtung Babeufs
6. Juni	Gründung der Ligurischen Republik
4. September	Fructidor-Staatsstreich des Direktoriums
17. Oktober	Friede von Campo Formio mit Österreich

1798

9. Februar	Gründung der Helvetischen Republik
April–Mai	Wahlen zum Rat der 500 und Annullierung linker Mandate
19. Mai	Expedition Bonapartes nach Ägypten
15. Oktober	Erste nationale Industrie-Ausstellung auf dem Marsfeld
16. November	Bildung der 2. Koalition gegen Frankreich

1799

23. Januar	Gründung der Parthenopeischen Republik (Neapel)
März	Wahlsieg der Neojakobiner
27. April	Österreichische Truppen erobern Mailand. Auflösung der Cisalpinischen Republik
18. Juni	Staatsstreich des Rates der 500 gegen das Direktorium
Juli	Auflösung der Römischen und Parthenopeischen Republik
8. Oktober	Rückkehr Bonapartes nach Frankreich
9./10. November	Brumaire-Staatsstreich Bonapartes. Auflösung des Direktoriums.
15. Dezember	Verkündung der Konsulatsverfassung, Napoleon Bonaparte Erster Konsul.

Auswahlbibliographie

Die Geschichte der französischen Revolution ist seit jeher Gegenstand der internationalen Forschung mit einem deutlichen Schwerpunkt bei der französischen Forschung. Eine neuere Bibliographie zur Französischen Revolution von *Ronald Caldwell, The Era of French Revolution. A Bibliography of the History of Western Civilisation 1789–1799, New York/London 1985* führt allein für Frankreich 34 588 Titel an, die durch 7831 weitere Einträge zu Darstellungen aus anderen europäischen Ländern ergänzt wird. Zur Zweihundertjahrfeier im Jahr 1989 ist eine weitere Publikationslawine erschienen, die mittlerweile auch bibliographisch erfaßt ist bei *Antoine de Baecque/Michel Vovelle (Hg.), Recherches sur la Révolution. Un bilan des travaux scientifiques du Bicentenaire, Paris 1991.*

Auch die deutsche Revolutionsforschung hat Berichte zum Forschungsstand vorgelegt:

Katharina und Matthias Middell (Hg.), 200. Jahrestag der Französischen Revolution. Kritische Bilanz der Forschungen zum Bicentenaire, Leipzig 1992; Wolfgang Schmale, Das Bicentenaire. Ein Forschungsbericht. 2 Teile. In: Historisches Jahrbuch 113 (1993), S.447–481; 114 (1994), S.135–174. Über die jeweils aktuelle Entwicklung der wissenschaftlichen Diskussion informieren Zeitschriften wie vor allem die «Annales historiques de la Révolution Française».

Aus der kaum noch überschaubaren neueren Literatur sollen vor allem Titel ausgewählt werden, die in deutscher Sprache zugänglich sind und die für neuere Forschungspositionen von Bedeutung sind. Selbstverständlich werden auch Überblicksdarstellungen genannt, die entweder zu den klassischen Arbeiten gehören oder die die neuere Forschung zusammenfassen.

Die wichtigsten Nachschlagewerke sind *Albert Soboul (Hg.), Dictionnaire historique de la Révolution française, Paris 1989,* und in Form von historiographischen Essays *François Furet/Mona Ozouf (Hg.), Kritisches Wörterbuch der Französischen Revolution, Frankfurt/Main 1996.* Eine gründliche und graphisch überzeugende Information über politische, soziale und ökonomische Daten bietet der *Atlas de la Révolution française, hg. von Serge Bonin/Claude Langlois, 10 Bde., Paris 1987-1997.* Daneben geben verschiedene Tagungsbände aus den 1980er Jahren einen Überblick über aktuelle Tendenzen der Forschung: *Keith Baker/Colin Lucas/François Furet/Mona Ozouf (Hg.), The French Revolution and the Creation of Modern Political*

Culture, 4 Bde. Oxford 1987–1994; Reinhart Koselleck/Rolf Reichardt (Hg.), Die Französische Revolution als Bruch des gesellschaftlichen Bewußtseins, München 1988.

In der Geschichte der Historiographie zur Französischen Revolution gibt es seit dem frühen 19. Jahrhundert große, teilweise mehrbändige Gesamtdarstellungen, die den jeweiligen Stand des Wissens und der Deutungen der Revolution spiegeln und gerade in der politischen Kultur Frankreichs oft in einem engen Bezug zu politischen Positionen stehen. Die energische, in sich auch wieder politische Forderung nach einer Trennung der Revolutionsgeschichte von den verschiedenen politischen Deutungskulturen hat vor zwanzig Jahren François Furet formuliert und stattdessen eine Historisierung der Revolution gefordert: *François Furet, 1789 – Vom Ereignis zum Gegenstand der Geschichtswissenschaft, Frankfurt/Berlin/Wien 1980.* Die letzte kraftvolle, von einer marxistischen Position verfaßte Gesamtdarstellung stammt von *Albert Soboul, Die Große Französische Revolution, Frankfurt/Main 1973, 5. Aufl. 1988.* Eine, die weitere Forschung sehr stark beeinflussende Revision dieser neojakobinischen Deutung von Soboul stammt von *François Furet/Denis Richet, Die Französische Revolution, Frankfurt/Main 1968.* Den politikgeschichtlichen Ansatz betont in deutlicher Abgrenzung von marxistischen Positionen die gründliche und verläßliche Gesamtdarstellung von *William Doyle, The Oxford History of the French Revolution, Oxford 1989.* Die knappe, von sozial- und mentalitätsgeschichtlichen Fragestellungen geleitete Überblicksdarstellung von *Michel Vovelle, Die Französische Revolution. Soziale Bewegung und Umbruch der Mentalitäten, Frankfurt/Main 1985,* markiert den Übergang zu dem aktuellen Forschungsstand, der in der Revolution vor allem einen Umbruch in den Mentalitäten und der politischen Kultur sieht. Die beste deutsche Darstellung mit einem deutlichen Akzent auf einer politischen Kulturgeschichte der Revolution und einer starken Betonung auch der Ereignisse in der Provinz bietet *Rolf Reichardt, Das Blut der Freiheit. Französische Revolution und demokratische Kultur, Frankfurt/Main 1998.* Eine ähnliche Position, doch stärker auf eine allgemeine Überblicksdarstellung gerichtet, findet sich in *Ernst Schulin, Die Französische Revolution, München 1988.* Als grundlegende und verläßliche Basisinformation gilt der systematisch und nicht ereignisgeschichtlich angelegte Band von *Rolf Reichardt (Hg.), Ploetz, Die Französische Revolution, Würzburg 1988.* Der Sammelband zeichnet sich überdies durch seine konsequente Einbeziehung von Bildquellen in die Analyse aus. Eine knappe Darstellung, die den aktuellsten Forschungsstand spiegelt und die Aspekte der Politik-, Wirtschafts- und Kulturgeschichte der Revolution gleichmäßig berücksichtigt, bietet *Peter McPhee, The French Revolution 1789-1799, Oxford 2002.* Die Abkehr von einer rein französischen Perspektive und die gleichzeitige Perspektivierung auf die Politik- und Kulturgeschichte findet sich jetzt bei *Annie Jourdan, La Révolution, une exception française?, Paris 2004.* Die Einbettung der Französischen

Revolution in eine vergleichende Betrachtung der zwischen dem Modus der Revolution und der Reform oszillierenden Wandlungsprozesse, wie sie Jourdan betreibt, findet sich bereits in dem Sammelband *Helmut Berding/ Etienne François/Hans-Peter Ullmann (Hg.), Deutschland und Frankreich im Zeitalter der Französischen Revolution, Frankfurt/Main 1989.*

Von den zahlreichen neueren Monographien zu Einzelaspekten der Revolution können aus Platzgründen für die verschiedenen Aspekte nur wenige Titel genannt werden. Weitere Hinweise finden sich in den erwähnten Überblicksdarstellungen. Zu den Ursachen und der Vorgeschichte der Revolution *William Doyle, The Origins of the French Revolution, Oxford 1980*, zu den Ereignissen und der Bedeutung des 14. Juli *Winfried Schulze, Der 14. Juli 1789. Biographie eines Tages, Stuttgart 1989.* Zur Geschichte des politischen Klubs *Michael Kennedy, The Jacobin Club in the French Revolution. The First Years, Princeton 1982; M. J. Sydenham, The Girodins; G. Kates, The cercle social, the Girodins, and the French Revolution, Princeton 1985*, zur Herkunft und Politik der Abgeordneten *Timothy Tackett, Becoming a Revolutionary: The Deputies of the French National Assembly and the Emergence of a Revolutionary Culture (1789–1790), Princeton 1996.* Den Durchbruch zur politischen Kulturforschung brachten *Mona Ozouf, La fête révolutionnaire 1789–1799, Paris 1976*, sowie als erste Synthese *Lynn Hunt, Symbole der Macht, Macht der Symbole. Die Französische Revolution und der Entwurf einer politischen Kultur, Frankfurt/ Main 1989.* Die Symbol- und Bildgeschichte der Revolution behandeln exemplarisch *Hans-Jürgen Lüsebrink/Rolf Reichardt, Die «Bastille». Zur Symbolgeschichte von Herrschaft und Freiheit, Frankfurt/Main 1990*, und *Klaus Herding/Rolf Reichardt, Die Symbolik der Französischen Revolution in ihrer Bildpublizistik, Frankfurt/Main 1989.* Die symbolische Bedeutung der Guillotine und ihre bewußtseinsbildende Macht behandelt *Daniel Arasse, Die Guillotine. Die Macht der Maschine und das Schauspiel der Gerechtigkeit, Reinbek 1988.* Zur Geschichte der Massenbewegung bleiben unübertroffen *George Rudé, Die Massen in der Französischen Revolution, München 1961*, und *Albert Soboul, Französische Revolution und Volksbewegung: Die Sansculotten, Frankfurt/Main 1978.* Eine vermittelnde Position im Streit um die Terreur bietet *Patrice Gueniffey, La politique de la Terreur, Paris 2000.* Mittlerweile liegen viele Studien zur Regionalgeschichte der Revolution vor, z. B. *Gail Bossenga, The Politics of Privilege: Old Regime and Revolution in Lille, Cambridge 1991; William Edmonds, Jacobinism and the Revolt of Lyon 1789–1793, Oxford 1990; Alan Forrest/ Peter Jones (Hg.) Reshaping France: Town, Country and Region during the French Revolution, Manchester 1991.* Einen Überblick über die Wirkungen der Revolution auf das Alltagsleben bietet *Jean-Paul Bertaud, Alltagsleben während der Französischen Revolution, Würzburg 1989.* Zu den neueren Forschungsschwerpunkten gehört die Geschichte der Frauen, Familien und Geschlechterbeziehungen; einen Überblick bieten *Catherine Marand-Fouquet, La femme au temps de la Révolution, Paris 1989*, und der Katalog von *Viktoria Schmidt-Linsenhoff (Hg.), Sklavin oder Bürgerin? Französische Revolution und neue Weiblichkeit 1780-1830, Marburg 1989; Lynn Hunt (Hg.), Eroticism and the Body Politic, Baltimore/London 1991.*

Abbildungsnachweis

Abb. 1: akg, images, Berlin (Musée Carnavalet, Paris)

Abb. 2: akg-images, Berlin (Musée Carnavalet, Paris)

Abb. 3: Photothèque des Musées de la Ville de Paris/Photo: Giet (Musée Carnavalet, Paris)

Abb. 4: akg-images, Berlin (Musée Carnavalet, Paris)

Abb. 5: Bibliothèque Nationale de France, Paris

Abb. 6: Photothèque des Musées de la Ville de Paris/Photo: Andreani (Musée Carnavalet, Paris)

Abb. 7: Bridgeman Art Library (Musée Carnavalet, Paris)

Personenregister

Sachregister

Aus dem Verlagsprogramm

Europäische Geschichte
in der Reihe C. H. Beck Wissen

Peter Blickle
Der Bauernkrieg
Die Revolution des Gemeinen Mannes
2., durchgesehene Auflage. 2002.
144 Seiten mit 10 Abbildungen und 1 Karte. Paperback
(Beck'sche Reihe Band 2103)

Peter C. Hartmann
Geschichte Frankreichs
3., durchgesehene und aktualisierte Auflage. 2003.
128 Seiten mit 2 Karten. Paperback
(Beck'sche Reihe Band 2124)

Dieter Hein
Die Revolution von 1848/49
3., durchgesehene Auflage. 2004.
144 Seiten mit 9 Abbildungen. Paperback
(Beck'sche Reihe Band 2019)

Klaus Rosen
Die Völkerwanderung
2002. 128 Seiten mit 2 Karten. Paperback
(Beck'sche Reihe Band 2180)

Werner Schneiders
Das Zeitalter der Aufklärung
2., verbesserte Auflage. 2001. 140 Seiten. Paperback
(Beck'sche Reihe Band 2058)

Verlag C. H. Beck München

Europäische Geschichte

Gisela Bock
Frauen in der europäischen Geschichte
Vom Mittelalter bis zur Gegenwart
2000. 393 Seiten. Leinen
(Europa bauen)

Alain Demurger
Der letzte Templer
Leben und Sterben des Großmeisters Jacques de Molay
Aus dem Französischen von Sabine Müller und Holger Fock
2004. Etwa 368 Seiten mit 8 Abbildungen und 4 Karten. Leinen

Michael Mitterauer
Warum Europa?
Mittelalterliche Grundlagen eines Sonderwegs
3. Auflage. 2004. 352 Seiten mit 2 Karten. Leinen

Uwe Schultz
Versailles
Die Sonne Frankreichs
2002. 192 Seiten mit 62 Abbildungen, davon 40 in Farbe,
sowie 2 Plänen im Vorsatz (Pierre Lepautre/1660–1744) und im Nachsatz
(zeitgenössischer Plan). Leinen

Hagen Schulze
Staat und Nation in der europäischen Geschichte
2004. Etwa 376 Seiten. Paperback
(Beck'sche Reihe Band 1602)

Verlag C.H.Beck München

C.H.BECK ✚ WISSEN
in der Beck'schen Reihe

Zuletzt erschienen: